И.А. Гончар

ТАКАЯ РАЗНАЯ РОССИЯ...

Учебное пособие по страноведению

2-е издание

Санкт-Петербург
«Златоуст»

2012

УДК 811.161.1

Гончар, И.А.

Такая разная Россия... : учебное пособие по страноведению. — 2-е изд. — СПб. : Злато-уст, 2012. — 140 с.

Gonchar, I.A.

Russia: Diverse as It Is : a country studies course. — 2nd ed. — St. Petersburg : Zlatoust, 2012. — 140 p.

ISBN 978-5-86547-587-3

Зав. редакцией: *А.В. Голубева*
Корректор: *М.О. Насонкина*
Оригинал-макет: *Л.О. Пащук*

Учебный комплекс по страноведению России для владеющих русским языком на уровне не ниже В1. Включает DVD с видеоприложением и CD с текстовым файлом в формате PDF (вариант комплекта без ключей для студента и полный вариант для преподавателя) или настоящее печатное приложение. В печатную версию вошли расшифровки звучащего текста, задания и комментарии, ключи.

40 современных аутентичных видеосюжетов о России различных жанров. Задания направлены на формирование страноведческой и социокультурной компетенции, а также на совершенствование речевых умений, прежде всего в аудировании.

Подготовка оригинал-макета: издательство «Златоуст».
Подписано в печать 30.03.12. Формат 60x90/8. Печ.л. 17,5. Тираж 1000 экз. Заказ № 1204031.
Код продукции: ОК 005-93-953005.
Санитарно-эпидемиологическое заключение на продукцию издательства Государственной СЭС РФ № 78.01.07.953.П.011312.06.10 от 30.06.2010 г.
Издательство «Златоуст»: 197101, Санкт-Петербург, Каменноостровский пр., д. 24, оф. 24.
Тел.: (+7-812) 346-06-68, факс: (+7-812) 703-11-79, e-mail: sales@zlat.spb.ru, http://www.zlat.spb.ru
Отпечатано в типографии ООО «Лесник-Принт».
192007, г. Санкт-Петербург, Лиговский пр., д. 201, лит. А, пом. 3Н.

ПРЕДИСЛОВИЕ ДЛЯ ПРЕПОДАВАТЕЛЯ

Уважаемые коллеги!

Если вы решили использовать данное пособие в регулярной аудиторной практике, то должны понимать, что это прежде всего *курс по страноведению России*, а не системный курс обучения языку или пособие по аудированию. Аутентичные тексты, вошедшие в пособие, плотно насыщены страноведческой информацией и дают яркое и объёмное общее представление о сегодняшней России: от основных статистических сведений до острых геополитических вопросов.

Тем не менее, страноведческая направленность текстовых материалов не исключает работы по совершенствованию речевых умений, прежде всего умений аудирования, а также чтения, письма и говорения, что, в свою очередь, становится возможным только в параллели с упрочением лексических, грамматических и фонетических навыков. Пособие построено таким образом, что гармонично решает весь вышеописанный спектр задач. Под вашим руководством языковая, речевая, дискурсивная, социокультурная, культурологическая, страноведческая компетенции учащихся будут ритмично и целенаправленно наполняться полезным содержанием.

Пособие представляет собой учебный комплекс, состоящий из двух частей: материалов для преподавателя (DVD и CD с текстом в формате pdf) и материалов для студента (DVD и CD с текстом в формате pdf или печатное приложение).

Комплект для преподавателя включает учебные материалы в полном объёме: видеосюжеты; развёрнутое их методическое сопровождение, необходимое и достаточное для того, чтобы студенты, выполнив все задания, смогли понять тексты; синхронные печатные тексты, ключи к тестам, а также ключи к некоторым заданиям.

Комплект для студента включает видеосюжеты и задания к ним.

В большинстве случаев в самом конце работы с текстом предлагаются вопросы для обсуждения, которые являются заключительной стадией модели обучения аудированию: то, что прослушано, проработано, понято, следует хотя бы коротко обсудить.

Всё, кроме обсуждения, **студент, владеющий русским языком на уровне не ниже B1,** **может выполнить самостоятельно.** Содержание диска для студента отличается от содержания диска для преподавателя только отсутствием синхронных текстов и ключей.

Вышесказанное не означает, что пособие не будет интересно тем, кто владеет русским языком на других уровнях, нежели B1: просто знающий язык хуже потратит больше времени, чтобы понять текст, а более сильный студент легче выполнит тест и потренируется в аудировании. Посоветуйте своим студентам не смотреть один и тот же сюжет подряд более трёх раз: это бесполезный труд, уровень восприятия резко понижается. Лучше сделать большую паузу, можно обсудить с одногруппниками понятую ими информацию, а затем посмотреть самостоятельно ещё раз. Но при всех трудностях аутентичные и содержательные тексты не будут лишними ни для кого.

Работа с пособием предельно проста: в классе преподаватель озвучивает ключи, комментирует ошибки, при необходимости организует ещё один просмотр совместно со студентами и выводит учебный материал в коллективное обсуждение. Интернет-ссылки используйте по своему усмотрению: если захотите расширить знания своих подопечных по какой-либо теме, то можете взять из них дополнительную информацию и изложить её в доступной для студентов форме. Можете предложить их студентам как источник информации для выполнения заключительных творческих работ: написания эссе, подготовки презентаций в PowerPoint и т. д.

Выполнение итогового теста в пропорции 40 правильных ответов (т. е. 66 %) и 20 ошибок будет означать, что студент может получить зачёт по данному курсу.

Обратите внимание на музыкальные/песенные заставки, которые, как правило, вызывают у студентов желание выучить эти песни или, по крайней мере, прослушать их полностью. Все они являются важной частью русской культуры и доступны самому широкому кругу пользователей.

Перед началом работы над каждым сюжетом в классе мы рекомендуем провести короткую беседу с учащимися для выявления их фоновых знаний и активизации словарного запаса. Начать беседу можно и на родном языке, но не стоит этим злоупотреблять, чтобы не отсекать важную часть работы, связанную с изучением языка. Можно предложить студентам найти на карте тот субъект Федерации, о котором пойдёт речь в видеосюжете, далее уточнить, в какой природной зоне он находится, какие там есть города, реки, горы, другие природные ресурсы, каков климат, чем могут заниматься коренные жители этого региона, как и откуда туда можно доехать и т. п.

Если время для работы с видеосюжетом на уроке ограниченно, то словарную работу целесообразно предлагать учащимся на дом в качестве подготовки к аудиторному занятию.

После просмотра видеосюжета учащиеся могут сопоставить свои предварительные догадки с полученной информацией, уточнить, что нового они узнали, сравнить описанные реалии с аналогичными в родной стране, выявляя сходство и различие, провести дискуссию по предложенным темам или выполнить творческие работы по теме в виде эссе или презентаций. На заключительном занятии курса можно не только провести контрольный тест, но и организовать демонстрацию лучших творческих работ учащихся, выполненных в ходе курса.

Желаю вам успеха!

Автор

Произведения, использованные в музыкальном оформлении пособия:

1. Гимн Российской Федерации. Музыка А. Александрова, текст С. Михалкова.
2. «Широка страна моя родная». Музыка И. Дунаевского, текст В. Лебедева-Кумача.
3. «Ой, мороз, мороз!». Русская народная песня.
4. «Катюша». Музыка М. Блантера, текст М. Исаковского.
5. «В лесу родилась ёлочка». Музыка Л. Бекмана, текст Р. Кудашёвой.
6. «Из-за острова на стрежень» («Волга, Волга...»). Текст Д. Садовникова, музыка народная.
7. «Славное море — священный Байкал». Текст Д. Давыдова, музыка народная.
8. «Гляжу в озёра синие». Музыка Е. Птичкина, текст И. Шаферана (песня из кинофильма «Тени исчезают в полдень»).
9. «Самоволочка». Музыка П. Кубашева, текст Язнур, В. Клименкова (песня из репертуара группы «Любэ»).
10. «У природы нет плохой погоды». Музыка А. Петрова, текст Э. Рязанова (песня из кинофильма «Служебный роман»).
11. «Время, вперёд!». Музыка Г. Свиридова.
12. «Славься!». М. Глинка, опера «Жизнь за царя».
13. «Пусть всегда будет солнце!». Музыка А. Островского, текст Л. Ошанина.
14. «Городские цветы». Музыка М. Дунаевского, текст Л. Дербенёва.
15. «Гимн Великому городу». Р. Глиэр, балет «Медный всадник».
16. «Москва — златые купола». Текс и музыка О. Газманов.

ОБЩИЕ СВЕДЕНИЯ

1

1.1. КОНСТИТУЦИЯ РФ

РАЗДЕЛ ПЕРВЫЙ.

Глава 1.
ОСНОВЫ КОНСТИТУЦИОННОГО СТРОЯ

Статья 1.

1. Российская Федерация — Россия есть демократическое федеративное правовое государство с республиканской формой правления.

2. Наименования Российская Федерация и Россия равнозначны.

ГОСУДАРСТВЕННЫЙ ГИМН РОССИИ

Слова С. Михалкова   *Музыка А. Александрова*

Россия — священная наша держава,
Россия — любимая наша страна.
Могучая воля, великая слава —
Твоё достоянье на все времена!

Припев:
Славься, Отечество наше свободное,
Братских народов союз вековой,
Предками данная мудрость народная!
Славься, страна! Мы гордимся тобой!

От южных морей до полярного края
Раскинулись наши леса и поля.
Одна ты на свете! Одна ты такая —
Хранимая Богом родная земля!

Припев

Широкий простор для мечты и для жизни
Грядущие нам открывают года.
Нам силу даёт наша верность Отчизне,
Так было, так есть и так будет всегда!

Припев

1.2. ДЕНЬ РОССИИ

Источник:
«Россия», «Вести», 12.06.09
(00'36")

1. Посмотрите видеосюжет (при необходимости делайте паузы) и скажите:

• В честь какого события и когда был впервые объявлен праздник?
• Как он раньше назывался?
• С какого года День России отмечается как государственный праздник?
• Что происходит в этот день в Кремле?

2. Есть ли такой праздник в вашей стране? Расскажите о нём на уроке. Сравните его с Днём России.

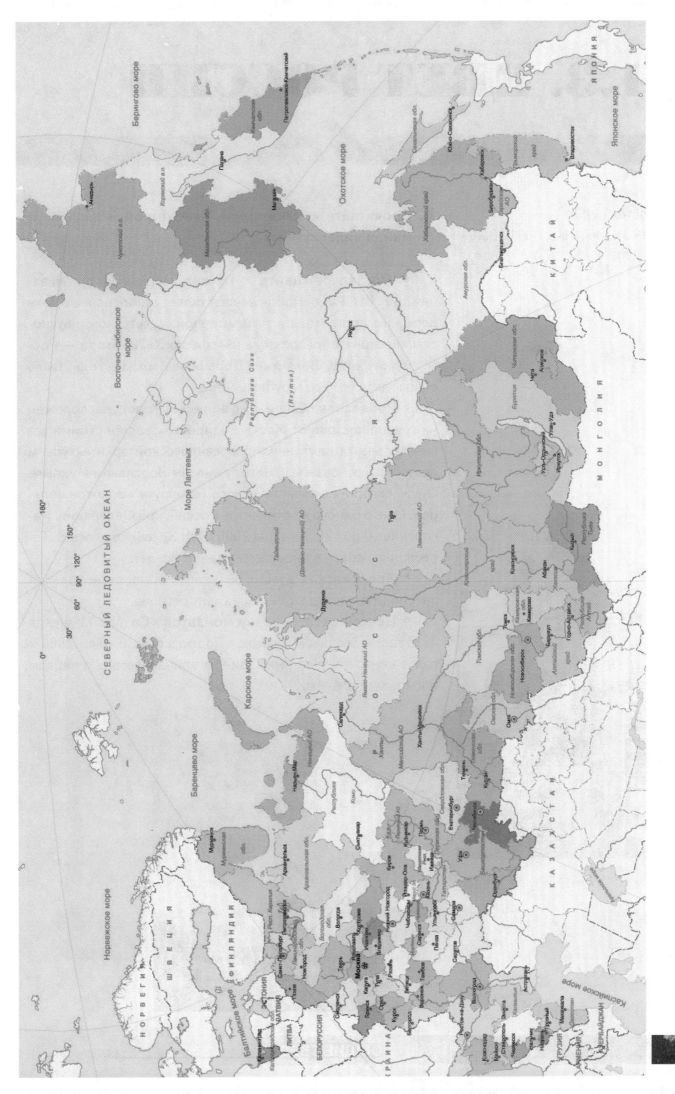

9

1.3. ЦВЕТ РОССИИ

Источник:
«Россия», «Вести» 12.06.09
(02'02")

1. **Прочитайте комментарий, необходимый для понимания видеосюжета.**

◆ **Росзарубежце́нтр** • Правительственная организация при МИД РФ, которая осуществляет долгосрочные комплексные программы в гуманитарной, культурной, научно-технической и образовательной сферах. С 2008 года — Россотрудничество. Валентина Терешкова многие годы была руководителем Росзарубежцентра.

◆ **Яросла́вль** • Старинный волжский город, расположен на северо-востоке от Москвы, широко известен своими замечательными памятниками древнерусской архитектуры и искусства, основан в 1010 году князем Ярославом Мудрым. Один из городов туристического маршрута «Золотое кольцо». Центр одного из субъектов Российской Федерации. Население — 603 700 чел. (на 2006 год). Здесь родилась В. Терешкова, первая в мире женщина-космонавт.

◆ **Яросла́вская ду́ма** • Выборный орган региональной законодательной власти, парламент региона.

◆ **Центр подгото́вки космона́втов** • Создан 11 января 1960 года в Звёздном городке в Подмосковье. В конце 1960-х годов центр получил имя Юрия Гагарина в память о первом космонавте планеты.

СИНХРОННЫЙ ТЕКСТ
(«Цвет России»)

Голос за кадром:

— Валентина Владимировна Терешкова!

Первая в мире женщина-космонавт! Имя и символ целой эпохи, связанной с открытием космической эры в истории человечества!

Всю свою жизнь Валентина Владимировна посвятила высокому служению Родине. Трудно переоценить её заслуги в общественной и гуманитарной деятельности, её вклад в укрепление мира и международного сотрудничества!

<...>

— Государственная премия Российской Федерации «За выдающиеся достижения в области гуманитарной деятельности» 2008 года вручается Терешковой Валентине Владимировне!

В.В. Терешкова:

— Глубокоуважаемый Дмитрий Анатольевич!

Уважаемые участники этого великолепного собрания!

Позвольте мне прежде всего выразить глубочайшую благодарность за ту высокую честь и высокую награду, которой я сегодня удостоена.

Я понимаю, что эта награда прежде всего относится ко всем моим коллегам, кто работал и работает в Центре подготовки космонавтов, кто работает в обще-

2. Выясните по двуязычному словарю значения следующих слов и выражений, запишите их перевод в таблицу.

Слова и словосочетания	Значение
цвет чего-либо, *перен.: цвет общества, цвет нации*	
вкладывать/вложить (что? во что?), ⊠ вклад: *вклад в укрепление мира и международного сотрудничества*	
заслуживать/заслужить (кого? что?), ⊠ заслуга: *выдающиеся заслуги*	
вручать/вручить (кого? что? кому? чему?): *премия вручается Терешковой Валентине Владимировне*	
награждать/наградить (кого? что? чем?), ⊠ награда (кому?)	
удостаивать/удостоить (кого? что? чего?): *я удостоена награды*	

3. Прочитайте вслух цепочки слов. Последнее звено каждой цепочки повторите, не смотрите в текст.

Эра → космическая эра → открытие космической эры → открытие космической эры в истории человечества → эпоха, связанная с открытием космической эры в истории человечества → целая эпоха, связанная с открытием космической эры в истории человечества.

Жизнь → посвятить жизнь → посвятить жизнь служению → посвятить жизнь служению Родине → посвятить жизнь высокому служению Родине → всю свою жизнь посвятить высокому служению Родине.

Оценить → переоценить → трудно переоценить → трудно переоценить её заслуги → трудно переоценить её заслуги в общественной деятельности → трудно переоценить её заслуги в общественной и гуманитарной деятельности.

ственных организациях... поскольку эта работа кажется не очень заметной, но я рада, что по всему миру, в разных странах, у нас, у россиян, очень много друзей, кто искренне любит нашу страну, кто интересуется её историей, наукой, культурой. И вклад в развитие международных отношений, взаимопонимания вносит и общественная организация «Росзарубежцентр».

Я хотела бы сегодня поблагодарить и моих коллег в Ярославской Думе, поскольку много сложных вопросов, но мы стараемся находить решения так, чтобы людям жилось лучше.

Огромное спасибо, уважаемый Дмитрий Анатольевич, Президент Российской Федерации!

Высокая честь получать эту высокую награду в столице нашей Родины, в Кремле... и я думаю, что каждый из нас, о ком вспомнила Родина, кто сегодня сидит здесь, — мы верой и правдой служим Отечеству.

Спасибо вам большое!

Друзья → очень много друзей → у нас, у россиян, очень много друзей → по всему миру у нас, у россиян, очень много друзей → по всему миру, в разных странах, у нас, у россиян, очень много друзей → по всему миру, в разных странах, у нас, у россиян, очень много друзей, кто искренне любит нашу страну → по всему миру, в разных странах, у нас, у россиян, очень много друзей, кто искренне любит нашу страну, кто интересуется её историей, наукой, культурой.

Решение → находить решения → мы стараемся находить решения → мы стараемся находить решения так → мы стараемся находить решения так, чтобы людям жилось лучше.

Каждый из нас → каждый из нас, о ком вспомнила Родина → каждый из нас, о ком вспомнила Родина, кто сегодня сидит здесь → каждый из нас, о ком вспомнила Родина, кто сегодня сидит здесь → каждый из нас, о ком вспомнила Родина, кто сегодня сидит здесь, — мы служим Отечеству → каждый из нас, о ком вспомнила Родина, кто сегодня сидит здесь, — мы верой и правдой служим Отечеству.

4. Посмотрите видеосюжет. Во время просмотра обратите внимание на этикетные выражения обращения, благодарности, оценки своей деятельности, которые прозвучат в речи В.В. Терешковой. Запишите их. Обратите внимание на разный этикетный порядок фамилии и имени-отчества в разных фрагментах текста.

ТЕРЕШКОВА
Валентина Владимировна
летчик-космонавт СССР

РАБОЧАЯ МАТРИЦА
к тесту («Цвет России»)

Позиция	Правильный вариант ответа		
1	а	б	в
2	а	б	в
3	а	б	в
4	а	б	в
5	а	б	в
6	а	б	в

5. Посмотрите видеосюжет ещё раз и выполните тест.

Закончите предложения в соответствии с содержанием текста, отметьте правильный ответ в матрице.

1. Заслуги В.В. Терешковой российская власть ... .
   а) переоценила
   б) оценила
   в) заценила

2. В.В. Терешкова получила ... .
   а) премию
   б) орден
   в) медаль

3. Награду В.В. Терешковой вручили за вклад в ... .
   а) гуманитарную и научную деятельность
   б) общественную и гуманитарную деятельность
   в) общественную и научную деятельность

4. В.В. Терешкова благодарит своих коллег из ... .
   а) Правительства Ярославля, Центра подготовки космонавтов и общественных организаций
   б) Ярославской думы, Центра управления полётами и общественных организаций
   в) Ярославской думы, Центра подготовки космонавтов и общественных организаций

5. Росзарубежцентр является ... .
   а) государственной организацией
   б) частной организацией
   в) общественной организацией

6. По мнению В.В. Терешковой, награждённые служат своей стране ... .
   а) верой и правдой
   б) делом и правдой
   в) словом и делом

ДЛЯ ТЕХ, КТО ХОЧЕТ ЗНАТЬ БОЛЬШЕ

http://ru.wikipedia.org/wiki/Государственные_награды_Российской_Федерации

http://ru.wikipedia.org/wiki/Терешкова,_Валентина_Владимировна

1.4. ТЕРРИТОРИЯ

Россия расположена на востоке Европы и на севере Азии. Граница между европейской частью и азиатской частью России проходит по Уралу.

Территория — 17 075 400 кв. км[1] (для сравнения: Китай — 9 600 000 кв. км, США — 9 518 900 кв.км).

Территорию России омывают 12 морей трёх океанов: **Атлантического** — Балтийское, Чёрное, Азовское;

Северного Ледовитого — Баренцево, Белое, Карское, Лаптевых, Восточно-Сибирское, Чукотское;

Тихого — Берингово, Охотское, Японское.

Каспийское море — бессточное.

Расстояние между западной и восточной границами России — 9000 км: от Балтийской косы в Калининградском заливе (19°38' восточной долготы) до мыса Дежнёва на Чукотке (169°40' западной долготы).

Самая северная точка России на материке — мыс Челюскин на полуострове Таймыр (77°43' северной широты), на островах — на архипелаге Земли Франца-Иосифа (81°51' северной широты); самая южная точка — в Дагестане, на границе с Азербайджаном (41°10' северной широты).

1. Сопоставьте данные о федеральных округах России, приведённые на карте на с. 15, и данные по состоянию на 2010 г. Какие изменения произошли? Как их можно объяснить?

---

[1] По данным «Энциклопедии РФ».

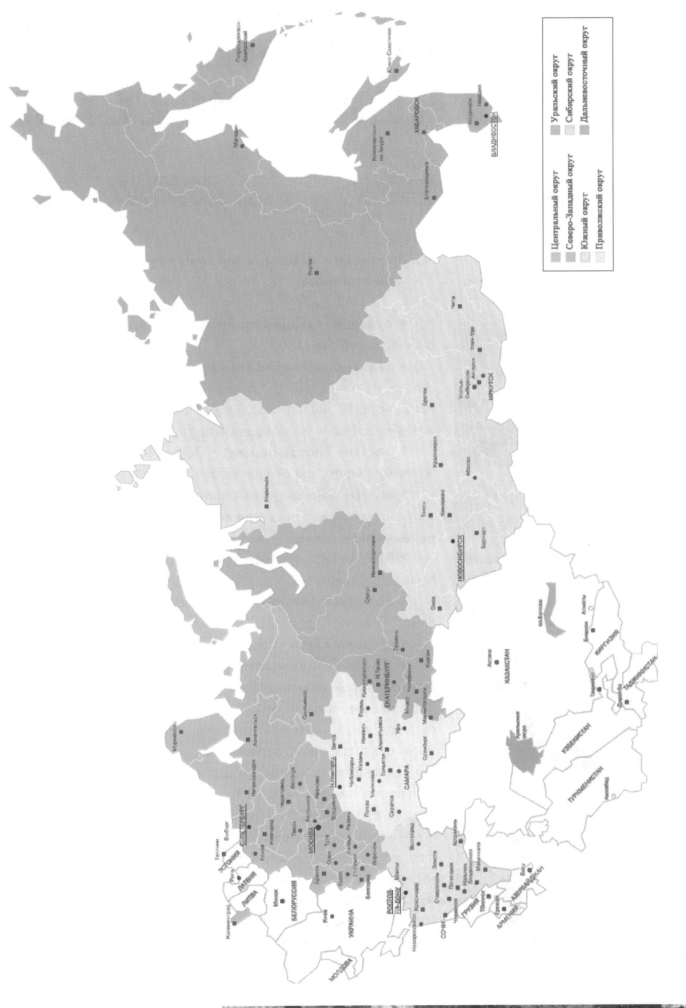

1.5. СЕВЕРНЫЕ РУБЕЖИ РОССИИ

Источник:
«Россия», «Вести недели», 14.09.08 (02'26")

1. Прочитайте комментарий, необходимый для понимания видеотекста.

◆ **рубе́ж** • Граница чего-либо *(книж.)*, за рубежом, за рубеж, на рубеже веков.

◆ **леднико́вый пери́од** • Геологическая эпоха в истории Земли, началась около 1,5 миллионов лет назад, закончилась около 10 000 лет назад; в это время в результате похолодания большая часть нашей планеты была покрыта льдом.

◆ **заста́ва (пограни́чная)** • Постоянный отряд пограничников; место, где они несут службу.

◆ **контро́льно-следова́я полоса́** • Полоса земли вдоль государственной границы, на которой можно увидеть следы нарушителей границы.

◆ **АН-74** • Тип российского транспортного самолёта для Крайнего Севера.

◆ **коренно́е (населе́ние)** • Население, которое давно живёт на данной территории, имеет здесь корни.

◆ **сто́роны све́та** • Север, юг, запад, восток.

◆ **Сове́т безопа́сности (Совбе́з)** • Конституционный орган, который реализует решения Президента Российской Федерации в области безопасности; рассматривает вопросы внутренней и внешней политики, стратегические проблемы государственной, экономической, общественной, оборонной, информационной, экологической и иных видов безопасности, охраны здоровья населения, прогнозирования, предотвращения чрезвычайных ситуаций и преодоления их последствий, обеспечения стабильности и правопорядка; защищает жизненно важные интересы личности, общества и государства от внешних и внутренних угроз (http://www. scrf.gov.ru/documents/20.html).

◆ **Федера́льная слу́жба безопа́сности (ФСБ)** • Спецслужба России; обеспечивает безопасность личности, общества и государства. ФСБ является федеральным органом ис-

СИНХРОННЫЙ ТЕКСТ
(«Северные рубежи
России»)

Ведущий:

— На этой неделе в центре внимания оказалась Земля Франца-Иосифа. Этот самый северный архипелаг географически уникален как с точки зрения освоения энергоресурсов, так и с точки зрения безопасности.

Вместе с большой и представительной делегацией на край земли отправился наш корреспондент Илья Филиппов.

И. Филиппов *(за кадром)*:

— Без снега остров Александры похож на поверхность далёкой планеты. И обычный строительный бульдозер выглядит словно робот-вездеход, собирающий грунт для исследователей космоса.

Люди здесь могут жить только в надежно защищённом от внешнего воздействия модуле. И на мгновение кажется, что и воздуха здесь нет. Но лай полярной дворняги возвращает на Землю.

На каменном острове, в сердце Арктики, нет и не было коренного населения — слишком суровый климат. Говорят, так выглядела Европа миллионы лет назад в ледниковый период. Эти скалы считаются непригодными для жизни, но здесь всё равно живут:

полнительной власти, подчиняется Президенту РФ (http://www.agentura.ru/dossier/russia/fsb/).

◆ **силовики́** • Те, кто работают в силовых ведомствах: Минобороны, Министерстве внутренних дел, Федеральной службе безопасности, Министерстве чрезвычайных ситуаций, Генеральной прокуратуре, Федеральной службе по контролю за оборотом наркотиков, Федеральной службе судебных приставов и Федеральной службе исполнений наказаний; сила → сил**ов**Ой → силов**ик**.

◆ **пе́рвая ла́сточка** • Первый знак чего-то хорошего.

ЛИЦА, ЗАНИМАЮЩИЕ ГОСУДАРСТВЕННЫЕ ПОСТЫ НА МОМЕНТ ДАННЫХ СОБЫТИЙ:

Николай Патрушев
секретарь Совета безопасности

Сергей Нарышкин
глава Администрации Президента РФ

Сергей Миронов
спикер верхней палаты парламента (Совета Федерации) = председатель Совета Федерации

Борис Грызлов
спикер нижней палаты парламента (Госдумы) = председатель Государственной думы

строители, метеорологи и основной контингент — пограничники.

И. Филиппов *(в кадре)*:

— Самая северная застава России! Она нетипична, нестандартна, не похожа на другие заставы страны. Здесь нет контрольно-следовой полосы. Здесь сплошные скалы. Их скоро укроет плотныйплотный снег. Здание, которое стоит на сваях, на вечной мерзлоте, практически круглой формы, чтобы его не повредил шквальный штормовой ветер.

Но здесь всегда есть столбы по всем сторонам света, которые означают, что это территория Российской Федерации.

И. Филиппов *(за кадром)*:

— На край земли прилетает АН-74. Спецрейс. На борту почти весь состав Совета безопасности. На Земле Франца-Иосифа выездное заседание. Министры, спикеры обеих палат парламента, силовики обсуждают ситуацию на месте.

Голоса за кадром:

— Сколько до Москвы?

— 3330.

И. Филиппов *(за кадром)*:

— С утёса видны небольшие айсберги и край ледника.

Секретарь Совбеза Николай Патрушев рассказывает главе Администрации Президента Сергею Нарышкину о том, что уже сделано в Арктике.

2. Выясните по двуязычному словарю значения следующих слов и выражений, запишите их перевод в таблицу.

Слова и словосочетания	Значение
оказываться/оказаться: *оказаться в центре внимания*	
осваивать/освоить (что?), ср. свой, ⊠ освоение: *освоение энергоресурсов*	
грунт	
бульдозер	
пограничник, ср. граница	
воздействовать (на кого? на что?), ⊠ воздействие: *внешнее воздействие*	
дворняга, дворняжка (о собаке), ср. двор	
лаять, ⊠ лай: *лай полярной дворняги*	
пригодный/непригодный (для кого? для чего?): *непригодный для жизни*	
свая/сваи: *здание стоит на сваях*	
скала/скалы	
утёс	
айсберг	
ледник	
шквал: *шквальный ветер*	
шторм: *штормовой ветер*	

3. Посмотрите видеосюжет. Обратите внимание на ту часть, где даётся словесное описание острова. Что вы могли бы добавить, глядя на этот пейзаж (можно на родном языке)?

ОБЩИЕ СВЕДЕНИЯ

Н. Патрушев:

— Она обладает очень серьёзными запасами, самыми различными, поэтому и Российская Федерация занимается проблемами Арктики. И мы построили здесь объект Федеральной службы безопасности — Нагурское отделение, которое сегодня сейчас посмотрим следом. Ну и практически это такая первая ласточка, которая поможет нам дальше здесь развиваться и чувствовать себя уверенно.

РАБОЧАЯ МАТРИЦА

к тесту («Северные рубежи России»)

Пози-ция	Правильный вариант ответа		
1	а	б	в
2	а	б	в
3	а	б	в
4	а	б	в
5	а	б	в
6	а	б	в

4. **Посмотрите видеосюжет ещё раз. После просмотра письменно ответьте на вопросы.**

1. Какая территория и почему оказалась в центре внимания властей?

2. Как описывает журналист пейзаж острова Александры? На что он похож?

3. Как выглядит северная застава России? Чем она отличается от других пограничных пунктов? Почему, как вы думаете, здесь нет контрольно-следовой полосы?

4. Кто прилетел спецрейсом на Землю Франца-Иосифа? Как вы понимаете выражение «выездное заседание»?

5. О чём рассказывает секретарь Совбеза РФ Николай Патрушев главе Администрации Президента РФ Сергею Нарышкину?

5. **Посмотрите видеосюжет в третий раз и выполните тест.**
Закончите предложения в соответствии с содержанием текста, отметьте правильный ответ в матрице.

1. Остров Александры на Земле Франца-Иосифа не представляет интереса как ... .
   а) стратегический объект
   б) энергетический источник
   в) хозяйственный объект

2. На острове постоянно никогда не жили люди из-за ... .
   а) большого расстояния от материка
   б) тяжёлых климатических условий
   в) недостатка кислорода

3. На острове временно работают люди следующих профессий: ... .
   а) пограничники, метеорологи, строители
   б) метеорологи, пограничники, биологи
   в) пограничники, строители, экологи

4. Здание на заставе имеет ... .
   а) специальную крышу
   б) особую форму
   в) особую окраску

5. В составе делегации на остров прибыли ... .
   а) члены Совета безопасности, спикеры и бизнесмены
   б) члены Совета безопасности, лидеры партий, спикеры
   в) спикеры, министры, члены Совета безопасности

6. От острова Александры до Москвы ... .
   а) две тысячи триста километров
   б) более трёх тысяч километров
   в) менее двух тысяч километров

1.6. ЧТОБЫ ХОРОШО ЖИТЬ ЗАВТРА...

Источник:
«Вести недели», 13.05.09
(02'11")

1. Как можно продолжить название сюжета? Что можно или нужно сделать для хорошего будущего?

2. Прочитайте комментарий, необходимый для понимания видеосюжета. Если нужно, воспользуйтесь словарём.

♦ **Мирово́й океа́н** • Основная часть гидросферы, составляющая 94,1 % всей её площади; вода, окружающая материки и острова (все океаны и моря вместе).

♦ **А́рктика** • Район Земли выше Северного полярного круга, который включает часть Евразии и Северной Америки, почти весь Северный Ледовитый океан с островами (кроме прибрежных островов Норвегии), а также прилегающие части Атлантического и Тихого океанов. Ср. на юге — **Антарктика**.

♦ **ООН** • Организация Объединённых Наций.

♦ **Конве́нция ООН по морско́му пра́ву** • Международный документ, который описывает отношения между государствами по вопросам использования Мирового океана. В настоящее время большинство норм международного морского права объединено в Конвенцию ООН по морскому праву 1982 года.

♦ **углеводоро́ды** • Органические соединения, состоящие исключительно из атомов углерода и водорода. Углеводороды считаются базовыми соединениями органической химии. Все остальные органические соединения рассматривают как их производные. Простейший углеводород — метан, или болотный газ (CH_4).

♦ **ратифика́ция** (какого-либо документа: договора, конвенции и т. д.) • Один из способов выражения согласия государства на обязательность договора, когда международный договор приобретает юридическую силу в конкретной стране.

♦ **держа́ва** • Зд.: независимое, самостоятельное государство *(книж.)*.

Корреспондент *(за кадром)*:

— За сутки до истечения срока подачи заявок в Комиссию ООН по границам шельфа ещё привезут последние документы. Почти 50 стран хотят поделить миллионы километров прибрежных частей морского дна, на которых, как предполагается, можно добывать полезные ископаемые и ловить рыбу. Чтобы хорошо жить завтра, нужно в буквальном смысле успеть всё сделать сегодня.

Анатолий Колодкин, президент Ассоциации международного морского права:

— Мы на пороге окончания добычи, так сказать, природных ресурсов на континентах. Чтобы это... всё время... они как-то заканчиваются, и поэтому государства смотрят в сторону океана. Мирового океана.

Корреспондент *(за кадром)*:

— Особая статья — Арктика. По оценкам учёных, континентальный шельф Арктики может содержать около 20 % мировых запасов углеводородов. Кроме того, на шельфах Баренцева и Карского морей выявлены уникальные газовые месторождения. И претендуют на

3. Выясните по двуязычному словарю значения следующих слов и выражений, запишите их перевод в таблицу.

Слова и словосочетания	Значение
делить / поделить (что?): *поделить морское дно*	
шельф: *континентальный шельф*	
толстый, толща: *толща воды*	
разворачиваться / развернуться: *борьба развернётся*	
заявка: *заявки поступят в ООН*	
схватка: *вступить в схватку*	

этот регион сразу несколько стран: Россия, Норвегия, Канада, Дания и США. Претензии всех сторон весьма серьёзные и на всех уровнях.

Но пока, например, те же США так и не ратифицировали Конвенцию ООН по морскому праву, что лишает их возможности в принципе заявлять о своих претензиях на Арктику.

Россия последовательно доказывает: у неё права есть. И все документы подписаны, и учёные приходят к выводу, что хребет Ломоносова и поднятие Менделеева в Северном Ледовитом океане — это Сибирский континентальный шельф, т. е. продолжение материка. Иными словами, даже там, под толщей воды, это тоже территория страны. Это пока только гипотеза, но уже научно подтверждённая.

А. Колодкин:

— Все эти заявления России в отношении Арктики вполне правомерны и с точки зрения правовой, и с точки зрения, так сказать, моральной, этической... географической и так далее. Поэтому мы и просим 1 миллион 800 тысяч квадратных километров.

Корреспондент *(за кадром):*

— И конечно, остается вопрос, что после 13 мая будет делать ООН. Т.е. заявки поступят, а — дальше? В нью-йоркском офисе начнут де-

4. Посмотрите видеосюжет и сформулируйте его главную мысль одной фразой. Приготовьтесь к выполнению теста.

5. Тест. Отметьте в матрице, соответствуют ли данные высказывания содержанию текста (да/нет).

1. Почти 50 стран хотят поделить миллионы прибрежных частей морского дна, которые предполагается использовать как стратегические объекты.

2. Интересы государств сконцентрировались вокруг Мирового океана, потому что природные ресурсы на континентах заканчиваются.

3. На Арктику реально могут претендовать Россия, Дания, Норвегия, Канада и США.

4. США ратифицировали Конвенцию ООН по морскому праву в 1982 году.

5. Учёные приходят к выводу, что хребет Ломоносова и поднятие Менделеева в Северном Ледовитом океане — это Сибирский континентальный шельф.

6. Решения ООН имеют самую большую силу в решении спорных международных проблем.

лить морское дно? Или претензии стран будут рассматривать в Международном суде? Ответов пока нет. Решения ООН в последние годы никакой особой силы не имели, и можно предположить, что и теперь они лишь формально дадут право странам на владение подводными территориями. А на самом деле борьба развернётся между теми державами, у которых есть флоты, промышленный и военный, деньги и решимость вступить в схватку за ещё не разделённые мировые ресурсы.

КЛЮЧ (упр. 4):

Группа стран борется за владение Арктикой, богатой углеводородами, потому что континентальные природные ресурсы заканчиваются.

РАБОЧАЯ МАТРИЦА
к тесту («Чтобы хорошо жить завтра…»)

Пози-ция	Правильный вариант ответа	
1	да	нет
2	да	нет
3	да	нет
4	да	нет
5	да	нет
6	да	нет

ТЕМЫ ДЛЯ ДИСКУССИИ

■ Если бы от вас зависело решение территориального вопроса в Арктике, что бы вы сказали?

■ Что, с вашей точки зрения, нужно делать людям для будущего?

1.7. ГРАНИЦЫ

Конституция РФ

РАЗДЕЛ ПЕРВЫЙ

Глава 1. Статья 4., п.3.

Российская Федерация обеспечивает целостность и неприкосновенность своей территории.

I. Сопоставьте данные о границах России в 1998 и в 2010 годах. Какие изменения произошли? Как их можно объяснить?

1

Сухопутные границы (20 322 км):

— на северо-западе: с Норвегией (167 км), с Финляндией (1313 км);

— на западе: с Польшей (206 км, Калининградская область); Эстонией (290 км), с Латвией (217 км), с Литвой (227 км, Калининградская область); с Беларусью (959 км);

— на юго-западе: с Украиной (1576 км);

— на юге: с Грузией (897,9 км), Азербайджаном (284 км), с Казахстаном (6846 км);

— на юго-востоке: с Китаем (3605 км + 40 км), Монголией (3441 км), Северной Кореей (19 км).

С Японией (194,3 км) и США (49 км) Россия имеет только морские границы.

Не установлены границы России по Каспию: с Азербайджаном, Ираном, Туркменистаном, с Казахстаном.

Россия не объявила никаких территориальных притязаний в Антарктиде и не признаёт таковых со стороны других государств.

Морские границы России составляют примерно 38 000 км.

(Энциклопедический справочник «Россия», 1998)

2

Длина сухопутной границы с Норвегией составляет 195,8 километра (из них 152,8 километра — граница, проходящая по рекам и озерам), с Финляндией — 1271,8 километра (180,1 километра), с Польшей (граница с Калининградской областью) — 204,1 километра (0,8 километра), с Монголией — 3 485 километров, с Китаем — 4 209,3 километра, с КНДР — 17 километров по рекам и озерам, с Эстонией — 324,8 километра (235,3 километра), с Латвией — 270,5 километра (133,3 километра), с Литвой (граница с Калининградской областью) — 266 километров (236,1 километра), с Белоруссией— 1239 километров, с Украиной — 1925,8 километра (425,6 километра), сГрузией — 875,9 километра (56,1 километра), с Азербайджаном — 327,6 километра (55,2 километра), с Казахстаном — 7 512,8 километра (1 576,7 километра).

http://www.strana-oz. ru/?numid=7&article=305

1.8. СПОРЫ ВОКРУГ КУРИЛ

Источник:
«Россия», «Вести недели»,
12.07.09 (01'25")

1. Прочитайте комментарий, необходимый для понимания видеосюжета.

◆ **Сове́т Федера́ции** • Верхняя палата российского парламента.

◆ **МИД Росси́и** • Министерство иностранных дел.

◆ **«Сахали́н-1»** • Нефтегазовый проект на острове Сахалин. Проект «Сахалин-1» останется одним из крупнейших проектов с прямыми иностранными инвестициями в России: на начало 2006 года консорциум израсходовал более 4,5 миллиардов долл. США.

В октябре 2005 года началась добыча нефти и газа на месторождении Чайво. Газ, добываемый на этом участке, поставляется внутренним потребителям в Хабаровском крае. Существуют планы по строительству газопровода между Сахалином и Японией (http://ru.wikipedia.org/wiki/Сахалин-1).

◆ **«Сахали́н-2»** • Нефтегазовый проект на острове Сахалин.

В рамках проекта с 2008 года предполагается экспортировать 8 миллионов тонн нефти и 9,6 миллионов тонн сжиженного природного газа (СПГ) в год с первого в России завода СПГ. Весь газ «Сахалина-2» уже законтрактован[1] покупателями, в основном в Японии (http://ru.wikipedia.org/wiki/Сахалин-2).

◆ **су́ши** • Национальное японское блюдо, которое невозможно приготовить без морепродуктов.

---

[1] Законтрактовать что = заключить контракт на что.

СИНХРОННЫЙ ТЕКСТ
(«Споры вокруг Курил»)

Ведущий:

— В последние две недели японские законодатели шаг за шагом упрямо шли на обострение. Последней каплей стал принятый закон, в котором Курилы названы исконными землями Японии.

Корреспондент *(за кадром)*:

— Курилы для Японии, скорее, не исконные, а самые желанные. Впрочем, для России никакого значения японский закон не имеет, зато серьёзно осложняет отношения.

На Сахалине акция протеста «Руки прочь от наших Курил!». Совет Федерации чуть было не махнул шашкой, призывая объявить мораторий на безвизовый режим между Курилами и Японией. Включился МИД России, назвав неприемлемыми территориальные претензии Японии.

Ну чем, собственно, так важны эти несколько скалистых островов для России и для одной из крупнейших экономик мира — Японии? Зачем здесь ломается столько дипломатических копий?

Курильская гряда — это ворота из Охотского моря в Тихий океан. Если представить, что у России нет этих островов, то тогда и не будет свободного выхода.

2. Выясните по двуязычному словарю значения следующих слов и выражений, запишите их перевод в таблицу.

Слова и словосочетания	Значение
спор, см. спорить о чём-либо с кем-либо	
острый, обострять/обострить (что?), ⊠ обострение (чего?): *идти на обострение*	
сложный, осложнять/осложнить (что?), ⊠ осложнение (чего?): *осложнение отношений*	
объявлять/объявить мораторий (на что?): *объявить мораторий на безвизовый режим*	
неприемлемый: *неприемлемые претензии*	
быть под контролем, перейти под контроль	
лишаться/лишиться (кого? чего?): *лишиться богатства*	
исконный: *исконные земли* (чьи?)	

3. Запомните следующие выражения, которые прозвучат в тексте.

Последняя капля — зд. негативное действие в ряду других подобных, которое вызывает резкое ответное действие: *Последней каплей стал принятый закон, в котором Курилы названы исконными землями Японии.*

Руки прочь от..! — категорическое требование отступиться/отказаться от чего-либо: *На Сахалине акция протеста «Руки прочь от наших Курил!».*

Махать/махнуть шашкой — совершить необдуманное действие, попробовать быстро решить трудную задачу: *Совет Федерации чуть было не махнул шашкой, призывая объявить мораторий на безвизовый режим между Курилами и Японией.*

Проливы перейдут под контроль Японии. Во время Второй мировой уже были такие проблемы. Кроме того, Охотское море тогда перестанет быть, по сути, внутренним российским. А ведь оно невероятно богато и биоресурсами: рыба, краб, бесценные морские ежи — всё то, без чего не бывает суши! Но это ещё и запасы газа и нефти. Вспомним хотя бы «Сахалин-1» и «Сахалин-2». То же самое вокруг Курил. Отдать их — значит лишиться всего этого богатства. Ну разве можно выпустить столь ценные скалы из рук?..

Ломать копья — *ирон.* бороться за что-либо, спорить о чём-либо: *Зачем здесь ломается столько дипломатических копий?*

4. Посмотрите видеосюжет и приготовьтесь к выполнению теста.

5. Тест. Закончите предложения в соответствии с содержанием текста, отметьте в матрице правильный ответ.

1. Закон, принятый японскими властями, не касается ... .
   а) территориальных споров между Россией и Японией
   б) двусторонних политических отношений
   в) вопросов военного сотрудничества России и Японии

2. Для граждан, живущих на Курилах и в Японии, действует ... .
   а) обычный порядок поездок друг к другу
   б) запрет на поездки друг к другу
   в) особый режим поездок друг к другу

3. Курильские острова дают России возможность ... .
   а) доминировать в Тихом океане
   б) надежной защиты Дальнего Востока
   в) выхода в Тихий океан

4. Проблемы с Курилами у России уже были во время ... .
   а) Русско-японской войны
   б) Первой мировой войны
   в) Второй мировой войны

5. В Охотском море водится много ... .
   а) рыбы, дельфинов и крабов
   б) крабов, рыбы и раков
   в) рыбы, морских ежей и крабов

6. В районе Курильских островов обнаружены большие запасы ... .
   а) газа
   б) нефти
   в) газа и нефти

РАБОЧАЯ МАТРИЦА
к тесту («Споры вокруг Курил»)

Пози- ция	Правильный вариант ответа		
1	а	б	в
2	а	б	в
3	а	б	в
4	а	б	в
5	а	б	в
6	а	б	в

ДЛЯ ТЕХ, КТО ХОЧЕТ ЗНАТЬ БОЛЬШЕ

Территориальный спор — спор между государствами по поводу юридической принадлежности определённой территории. Не является территориальным спором односторонняя территориальная претензия.

В настоящее время примерно 50 стран мира оспаривают те или иные территории у своих соседей (ведут территориальные споры). По подсчётам американского исследователя Дэниела Пайпса, в Африке насчитывается 20 подобных споров, в Европе — 19, на Ближнем Востоке — 12, в Латинской Америке — 8.

http://magazines.russ.ru/oz/2002/6/2002_06_27.html

http://www.polit—portret.ru/russia/country/border/

http://www.1tv.ru/owa/win/ort6_main.main?p_news_title_id=77461&p_news_razdel_id=2

ТЕМЫ ДЛЯ ДИСКУССИИ

■ Есть ли территориальные споры у вашей страны с её соседями?

■ Каковы могут быть причины территориальных споров?

■ Как, с вашей точки зрения, можно решать такие споры?

Приведите примеры.

1.9. ЧАСОВЫЕ ПОЯСА

На территории России — 11 часовых поясов[1].

Когда в Москве 15:00, в Калининграде — 13:00, в Самаре и Ижевске — 16:00, в Екатеринбурге — 17:00, в Новосибирске и Омске — 18:00, в Красноярске — 19:00, в Иркутске — 20:00, в Якутске и Чите — 21:00, в Хабаровске и Владивостоке — 22:00, в Магадане — 23:00, на Камчатке — полночь.

[1]Границы часовых поясов проходят по границам субъектов Российской Федерации, все субъекты входят в один пояс, за исключением Якутии, которая входит в 3 пояса (MSK+6, MSK+7, MSK+8), и Сахалинской области, которая входит в 2 пояса (MSK+7 на Сахалине и MSK+8 на Курильских островах).

1. Сопоставьте данные о часовых поясах в России до 28 марта 2010 г., приведённые в видеограмме, и после этой даты, см. карту на с.31. Какие изменения произошли? Как их можно объяснить?

Сокращение часовых поясов в России

28 марта 2010 года в Российской Федерации вместо 11 часовых поясов останутся 9

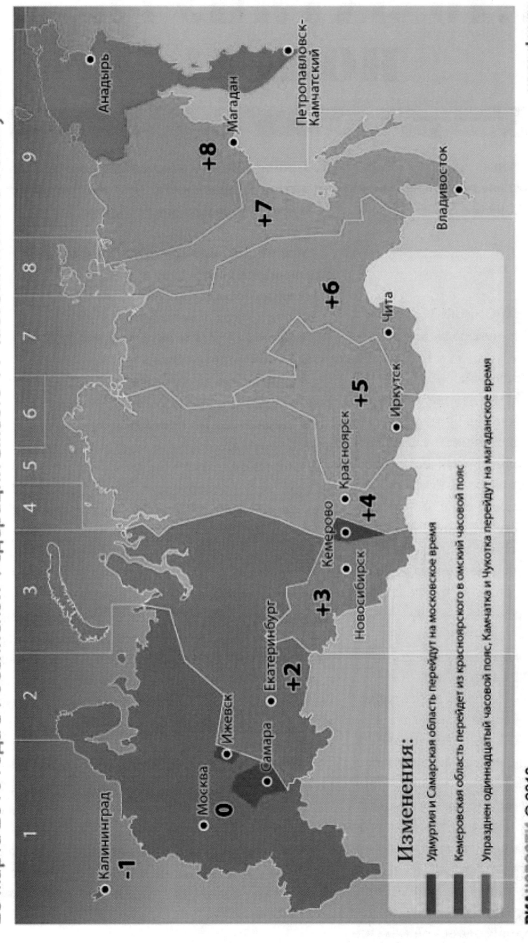

Изменения:

Удмуртия и Самарская область перейдут на московское время

Кемеровская область перейдет из красноярского в омский часовой пояс

Упразднен одиннадцатый часовой пояс, Камчатка и Чукотка перейдут на магаданское время

РИА НОВОСТИ © 2010

www.rian.ru

1.10. ЗАТЯНУТЬ ПОЯСА!

Источник:
«Россия», «Вести недели»,
15.11.09 (2'47")

СИНХРОННЫЙ ТЕКСТ
(«Затянуть пояса!»)

Ведущий:

— Что вызвало поистине живейший интерес, это предложение президента сократить количество часовых поясов. В России их 11. Больше, чем в любой другой стране мира. Но и страна наша с востока на запад самая протяжённая. В какую сторону будем крутить стрелки?

О ревизии времени — Александр Христенко.

А. Христенко:

— Часовые пояса первой примерила Америка в конце XIX века. Неизбежность. Ведь лошадиную бесповоротно сменила паровая тяга. И вместе со скоростью пассажиры отчётливо почувствовали, сколь разным может быть время.

Владимир Жаров, профессор, заведующий кафедрой небесной механи-

1. **Прочитайте комментарий, необходимый для понимания видеосюжета. При необходимости воспользуйтесь двуязычным словарём.**

♦ **затянуть пояс** *(фраз.)* • Приготовиться к трудностям, ограничить себя в трудное время.

♦ **тяга (лошадиная, паровая)** • Движущая сила.

♦ **пуд** • Русская мера веса = 16,38 кг.

♦ **верста́** • Русская мера длины = 1,06 км.

♦ **руко́й пода́ть** • Очень близко.

♦ **приме́рить** зд. • Впервые применить, попробовать: *Часовые пояса первой примерила Америка.*

♦ **держа́ться до после́днего** • Зд.: как можно дольше ничего не менять.

♦ **поясно́е вре́мя** • Система счёта времени, основанная на разделении поверхности Земли на 24 часовых пояса: во всех пунктах в пределах одного пояса в каждый момент поясное время одинаково, в соседних поясах оно отличается ровно на 1 час. В системе поясного времени 24 меридиана, отстоящих по долготе на 15° друг от друга, приняты за средние меридианы часовых поясов. По международному соглашению за начальный был принят меридиан с долготой 0° (Гринвичский). Соответствующий часовой пояс считается нулевым; время этого пояса называется всемирным. Остальным поясам в направлении от нулевого на восток присвоены номера от 1 до 23. Разность между поясным временем в каком-либо часовом поясе и всемирным временем равна номеру пояса.

На территории СССР поясное время введено после Октябрьской революции, с 1 июля 1919 года.

Для тех, кто хочет знать больше: http://bse.sci-lib.com/article092163.html)

♦ **Петропа́вловск-на-Камча́тке** (Петропа́вловск-Камча́тский) • Город и порт на Дальнем Востоке России, расположен в юго-восточной части полуострова Камчатка, 8200 км от Москвы.

ки, астрометрии и гравиметрии физического факультета МГУ:

— В некоторых крупных городах, пересадочных железнодорожных станциях каждая компания вводила своё время. Например, в одном из городов США можно было увидеть в то время ...там... 6 часов, которые показывали разное время. И плюс к этому при переезде с восточного побережья на западное либо наоборот пассажиру приходилось примерно раз двадцать переводить свои часы.

А. Христенко:

— Так и родилась идея поделить земной шар на 24 временные зоны, каждый сектор по 15 градусов. Царская Россия до последнего держалась за свою, Пулковскую, или Санкт-Петербургскую, систему счёта, как держалась за пуд и версту.

Александр Золотокрылин, профессор Института географии РАН:

— Россия до 17 года... она не присоединялась. Она жила по среднесолнечному времени. Ну как бы вот такой вот аргумент, что Россия теряет свою самобытность... если она будет жить по поясному времени.

А. Христенко:

— И только в феврале 1918-го постановлением Совнаркома Россия обзавелась часовыми поясами, хотя их

♦ **Совнарко́м** — Сове́т наро́дных комисса́ров РСФСР ♦ Правительство Российской Советской Федеративной Социалистической Республики с Октябрьской революции 1917 года до 1946 года. Совет состоял из народных комиссаров, руководивших народными комиссариатами (наркоматами, аналогами министерств). После образования СССР аналогичный орган был создан и на союзном уровне.

2. Выясните по двуязычному словарю значения следующих слов и выражений, запишите их перевод в таблицу.

Слова и словосочетания	Значение
пояс	
протяжённый	
ревизия (чего?): *ревизия времени*	
неизбежность	
бесповоротно	
пересадка: *пересадочная железнодорожная станция*	
самобытность	
переводить/перевести (что?): *переводить часы*	
крутить стрелки (часов)	
обзаводиться/обзавестись (чем?): *Россия обзавелась часовыми поясами*	
ловить: *сигнал ловится*	

3. Прочитайте вслух цепочки слов. Последнее звено каждой цепочки повторите, не смотрите в текст.

Интерес → живейший интерес → поистине живейший интерес → вызвало поистине живейший интерес → что вызвало поистине живейший интерес → что вызвало поистине живейший интерес, это предложение президента → что вызвало поистине живейший интерес, это предложение президента сократить количество часовых поясов.

Страна → наша страна → наша страна с востока на запад → наша страна с востока на запад самая протяжённая.

границы за время советской власти не раз меняли.

(Сигналы точного времени.)

Голос за кадром:

«Говорит Москва! В столице 15 часов. В Петропавловске-на-Камчатке полночь».

А. Христенко:

— Страна переводила стрелки и в 90-е годы. Именно в то время несколько центральных регионов России, кроме Удмуртии и Самарской области, поменяли свой 4-й часовой пояс на 3-й — московское время. Сейчас возможен вариант: на столичное время перевести Калининград, тем самым одним часовым поясом в России станет меньше, и объединить во времени Новосибирскую и Кемеровскую области. Сейчас между ними разница в час, хотя пояс общий.

В разных измерениях, случается, живут даже соседние населённые пункты. От города Октябрьский до города Бавлы рукой подать. Навещая друг друга, жители ещё и путешествуют во времени: ведь один город в Татарстане (там время московское), другой — в Башкирии. Неудобно, но есть и свои плюсы: можно успеть в работающий ещё соседний магазин или посмотреть пропущенную телепрограмму. Ловится сигнал от обеих трансляционных вышек.

Пассажиры → пассажиры почувствовали → пассажиры отчётливо почувствовали → вместе со скоростью пассажиры отчётливо почувствовали → вместе со скоростью пассажиры отчётливо почувствовали, сколь разным может быть время.

Переводить часы → приходилось переводить свои часы → пассажиру приходилось переводить свои часы → пассажиру приходилось переводить свои часы примерно раз двадцать → при переезде пассажиру приходилось примерно раз двадцать переводить свои часы → при переезде с восточного побережья на западное пассажиру приходилось примерно раз двадцать переводить свои часы → при переезде с восточного побережья на западное либо наоборот пассажиру приходилось примерно раз двадцать переводить свои часы;

Часовые пояса → обзавестись часовыми поясами → Россия обзавелась часовыми поясами → только в феврале 1918-го Россия обзавелась часовыми поясами → только в феврале 1918-го постановлением Совнаркома Россия обзавелась часовыми поясами;

Идея → родилась идея → родилась идея поделить земной шар → родилась идея поделить земной шар на временные зоны → родилась идея поделить земной шар на 24 временные зоны → так и родилась идея поделить земной шар на 24 временные зоны → так и родилась идея поделить земной шар на 24 временные зоны, каждый сектор по 15 градусов.

4. Посмотрите видеосюжет. Во время просмотра запишите все географические названия, которые звучат в тексте. Подумайте, как используется фразеологизм *затягивать / затянуть пояс* в названии сюжета.

5. Письменно ответьте на вопросы.

1. Почему Россия не сразу приняла мировую систему часовых поясов?

2. Какие изменения в измерении времени произошли в России в 90-е годы?

3. Как в ближайшее время могут измениться часовые пояса в России?

4. Как можно в России путешествовать во времени?

5. Какие плюсы имеют жители соседних российских населённых пунктов, расположенных в разных часовых поясах?

Ринат Хабибуллин, заместитель руководителя исполкома Бавлинского муниципального района:

— Мы, между прочим, Новый год отмечаем 2 раза. Первый раз мы отмечаем по-башкирски — в 10 часов по Москве. Мы слушаем президента. И наш президент к этому времени уже выступает. И потом, в 12 часов уже.

РАБОЧАЯ МАТРИЦА
к тесту («Затянуть пояса!»)

Позиция	Правильный вариант ответа		
1	а	б	в
2	а	б	в
3	а	б	в
4	а	б	в
5	а	б	в
6	а	б	в

6. Посмотрите видеосюжет ещё раз и выполните тест. Закончите предложения в соответствии с содержанием текста, отметьте правильный ответ в матрице.

1. Количество часовых поясов президент РФ предлагал ... .
   а) сократить
   б) не менять
   в) увеличить

2. Часовых поясов в России ... .
   а) меньше, чем в Америке
   б) больше, чем в Америке
   в) столько же, сколько в Америке

3. Причина появления часовых поясов — ... .
   а) технический прогресс
   б) астрономические открытия
   в) самобытность национальных культур

4. В Америке в XIX веке при переезде с востока на запад пассажиры переводили стрелки часов ... .
   а) 10 раз
   б) более 10 раз
   в) менее 10 раз

5. Современные часовые пояса — это секторы по ... .
   а) 24 градуса
   б) 15 градусов
   в) 7,5 градуса

6. Часовые пояса в России ... .
   а) были приняты раз и навсегда
   б) менялись время от времени
   в) менялись только один раз

ТЕМА ДЛЯ ДИСКУССИИ

■ Согласны ли вы с идеей российского президента сократить количество часовых поясов?

1.11. НОВЫЙ ГОД ШАГАЕТ ПО СТРАНЕ

Источник:
«Первый канал», 20.12.08
(00'30")

1. Прочитайте текст, выпишите из него незнакомые слова и выясните по двуязычному словарю их значения.

Диктор:

— В столице будет всё светлее и веселее. Всё ради того, чтобы в новогоднюю ночь эта атмосфера чудес и волшебства захватила буквально всех.

П. Полуйчик:

— Раньше, для того чтобы лично отметить Новый год несколько раз, приходилось как минимум тридцать первого брать билет на самолёт Владивосток — Калининград. Теперь это можно будет сделать прямо в центре столицы у красивой карты под названием «Новый год шагает по стране». Кто хочет, может начать тренироваться уже сейчас. Главное — правильно рассчитать силы!

Павел Полуйчик, Ева Чумакова, Вячеслав Черешко. Первый канал.

2. Посмотрите видеосюжет и скажите, в каких часовых поясах и сколько раз вы бы предпочли встретить Новый год, если бы оказались около этой новогодней московской карты.
О чём предупреждает корреспондент?

3. Как вы думаете, какие неудобства для жителей России создаёт такое большое количество часовых поясов?

ПРИРОДА, КЛИМАТ, РЕСУРСЫ

2

2.1. РЕКИ

Природа России необычайно разнообразна.

По территории России протекает примерно 120 000 рек длиной более 10 км. Общая протяжённость этих рек — более 2,3 млн км.

Большая часть относится к бассейну Северного Ледовитого океана: Северная Двина, Печора, Обь с Иртышом, Енисей, Хатанга с Котуем, Лена, Колыма и др.; к Тихому океану — Амур, Анадырь и др.; к Атлантическому — Дон, Кубань, Нева.

Волга и Урал — реки с внутренним стоком.

ПРИРОДА, КЛИМАТ, РЕСУРСЫ

Россия без Волги, как русская свадьба без гармошки. Представить нашу страну без этой реки невозможно. Многие исторические события тысячелетней истории России связаны с Волгой. Она и важный транспортный путь. Она кормит, поит. Волга — важный стратегический рубеж.

2.2. «ВОЛГА, ВОЛГА, МАТЬ РОДНАЯ!»

Источник:

«Культура», программа «Сферы», 19.10.07 (02'32")

1. Прочитайте комментарий, необходимый для понимания видеотекста.

♦ **«Во́лга, Во́лга, мать родна́я!»** • Слова из популярной народной песни («Из-за острова на стрежень») о Степане Разине, историческом персонаже XVII в. (см.: http://ru.wikipedia.org/wiki/%D0%A1%D1%82%D0%B5%D0%BF%D0%B0%D0%BD_%D0%A0%D0%B0%D0%B7%D0%B8%D0%BD).

♦ **субъе́кт Федера́ции** • Согласно ст. 65 Конституции России в состав Российской Федерации входит 83 субъекта (по состоянию на 2009 год): 21 республика, 9 краёв, 46 областей, 2 города федерального значения, 1 автономная область и 4 автономных округа. Разграничение полномочий федеральных органов власти и субъектов Федерации описано в главе 3 Конституции РФ.

Для тех, кто хочет знать больше: http://www.constitution.ru/10003000/10003000—5.htm

♦ **Тверска́я о́бласть** • Субъект Федерации в составе Российской Федерации; расположена на северо-западе от Москвы; административный центр — город Тверь; площадь территории — 84,1 тысяч кв. км; главная река — Волга; Иваньковское, Угличское и Рыбинское водохранилища на Волге; население — 1406,6 тысяч человек (на 2006 г.).

♦ **ка́менный век** • Древнейший период в развитии человечества, когда основные орудия труда и оружие изготовлялись главным образом из камня.

СИНХРОННЫЙ ТЕКСТ
(«Волга, Волга, мать родная!»)

Ведущий *(за кадром):*

— Всякий человек прожорлив до крайности. И чем он цивилизованнее, тем его аппетит больше. Не в гастрономическом, а в энергетическом смысле. Подавай ему электроэнергию — и точка!

Дешёвая энергия — редкость. Дешёвая и безопасная — редкость вдвойне. Едва ли не всюду, но только не в России. Держава богата ресурсами, не только экологически вредными при сжигании — нефтью и газом или ещё не до конца покорённым ураном, но и водой, полной энергии. Россия полноводна, как человек прожорлив. Она блестяще научилась подчинять себе воду.

Но чтобы начать вырабатывать ток, им надо принести землю в жертву воде: построить плотину и устроить водохранилище.

Наталья Минеева, доктор биологических наук:

— В настоящее время крупнейшая река Европы, Волга, вся зарегулирована и представляет собой каскад из 8 водохранилищ. Тем не менее, они существуют и развиваются по законам природы.

Ведущий *(за кадром):*

— Первая плотина окончательно перегородила Волгу в 1937-м, разлив в Тверской

2. Выясните по двуязычному словарю значения следующих слов и выражений, запишите их перевод в таблицу.

Слова и словосочетания	Значение
прожорливый: *всякий человек прожорлив до крайности*	
вредный: *экологически вредный*	
покорять/покорить (кого? что?): *человек не до конца покорил уран; не до конца покорённый уран*	
подчинять/подчинить (кого? что? кому? чему?): *человек подчинил себе воду*	
жертва; что? — приносить в жертву — чему?: *принести землю в жертву воде*	
плотина	
водохранилище	
каскад	
тромб: *тромб в теле реки*	
обрекать/обречь (кого? что? на что?), ⊠ быть обречённым: *эти люди обречены*	
распухать/распухнуть: *Волга распухла Угличским водохранилищем*	
монстр	

области Иваньковское водохранилище, прозванное Московским морем. Перед войной Волга распухла Угличским водохранилищем, а затем, после Победы, Рыбинским. В 1947-м это водохранилище было крупнейшим в мире. Оно затопило 4,5 тысячи кв. км плодородных земель. Позднее было разлито ещё 5 волжских водохранилищ. Одни называют их тромбами в теле реки, другие оправдывают целесообразностью.

Александр Литвинов, доктор географических наук:

— Гидроэнергетика — это экологически самая чистая электроэнергетика. Это раз. Во-вторых, в то же время, понимаете, все наши гидроэлектростанции на сегодня... они всего имеют порядка... ну, 18 % электроэнергии они дают. Вся остальная электроэнергия даётся либо тепловыми, либо атомными станциями.

Ведущий (за кадром):

— В бассейне Волги живёт 60 миллионов россиян. Чуть меньше половины населения России. Европейская река не чета сибирским полноводным монстрам, по берегам которых плотность населения, как в каменном веке.

На Волгу замкнуты 38 субъектов Федерации, крупные промышленные объекты и многочисленные населённые пункты, которые без

3. Познакомьтесь с некоторыми выражениями, которые прозвучат в сюжете.

1. Не чета *кому? чему?*

Как образовано слово *чета*?

Волга **не чета** *сибирским монстрам.* = *Волгу невозможно сравнивать с сибирскими реками.*

кто? что? не чета кому? чему?

Выскажите несравнимость: *воздуха в деревне и воздуха в мегаполисе; Петербурга и Москвы; цветной фотографии и чёрно-белой.*

Сами себе объясните, почему сравнение невозможно.

2. Подавай/подай ему (ей, им) что-либо — и точка! = О просьбе быстро дать, найти что-либо труднодоступное без всяких условий, без разговоров; неодобрительно по отношению к просящему.

Выразите своё неодобрение просьбы: *Интернета, горячего чая, белых роз, нового диска Бритни Спирс.*

4. Посмотрите видеосюжет. Во время просмотра заполните таблицу.

Время	Название водохранилища
1937 год	?..
?..	Угличское
После Победы; 1947 год	?..

5. Посмотрите видеосюжет ещё раз. После просмотра письменно ответьте на вопросы.

1. О каком «аппетите» человека идёт речь в тексте? Как вы поняли выражение: *Подавай ему электроэнергию — и точка!*

2. Чем должен пожертвовать человек, чтобы использовать энергию воды? Что он должен построить?

3. Сколько водохранилищ на Волге в настоящее время?

4. Почему сибирские реки автор текста называет «монстрами»? Чем они отличаются от Волги?

5 Как оценивает гидроэнергетику доктор Литвинов?

воды и энергии — обречены. И то и другое обеспечивает Волга.

КЛЮЧ (упр. 3):
чётный (парный);
супружеская чета

РАБОЧАЯ МАТРИЦА
к тесту («Волга, Волга, мать родная!»)

Пози-ция	Правильный вариант ответа		
1	а	б	в
2	а	б	в
3	а	б	в
4	а	б	в
5	а	б	в
6	а	б	в

6. Посмотрите видеосюжет в третий раз и выполните тест.

Закончите предложения в соответствии с содержанием текста, отметьте правильный ответ в матрице.

1. Прожорливость человека тем меньше, чем уровень его жизни ... .
   а) выше
   б) ниже

2. Безопасной и дешёвой энергии в России ... .
   а) достаточно
   б) мало
   в) нет

3. Первое водохранилище на Волге появилось ... .
   а) в первой половине XX века
   б) в середине XX века
   в) во второй половине XX века

4. Мнения специалистов о водохранилищах ... .
   а) как правило, положительные
   б) как правило, отрицательные
   в) как положительные, так и отрицательные

5. Гидроэлектростанции (ГЭС) в России дают ... .
   а) бóльшую часть энергии
   б) половину всей энергии
   в) меньшую часть энергии

6. За счёт Волги живёт ... .
   а) большая часть населения России
   б) половина всего населения России
   в) незначительная часть населения России

ТЕМА ДЛЯ ДИСКУССИИ ИЛИ ЭССЕ:

■ Теперь я понимаю, почему именно так, строчкой из песни, называется этот видеосюжет.

2.3. «СЛАВНОЕ МОРЕ — СВЯЩЕННЫЙ БАЙКАЛ...»

Источник:
студия Rus Ecology Film, фильм «Озеро Байкал» из цикла «Путешествия по России».
Автор — Вадим Осадчий (00'58")

1. Познакомьтесь с комментарием.

♦ «Сла́вное мо́ре — свяще́нный Байка́л...» • Начало популярной народной песни на слова сибирского поэта Д. Давыдова, 1848 г.

2. Посмотрите видеосюжет, во время просмотра запишите текст. Выделите в нём 3 части, озаглавьте их и запишите в виде плана. Не забудьте начать каждую часть с красной строки (абзаца), проверьте постановку знаков препинания по записи синхронного текста.

3. Перескажите текст по плану.

КЛЮЧ (упр. 3.):
1. Байкал — уникальное природное явление.
2. Возраст Байкала.
3. Гипотеза учёных.

Пресных и солёных озёр в России около 2 000 000.
Крупнейшие озёра — Ладожское, Онежское.
Самое большое озеро в мире — Байкал (20 % мировых запасов пресной воды, без ледников).

Диктор *(за кадром)*:

— Байкал! Самое глубокое и древнее озеро в мире! Уникальное природное явление, которое по праву считается одним из священных мест на планете.

Среди всех озёр на Земле Байкалу нет равных по возрасту. Ему примерно 25 миллионов лет. По мнению учёных, большинство водоёмов в среднем живут 10—15 тысяч лет. У Байкала нет никаких признаков старения.

Исследования последних лет позволили учёным высказать гипотезу о том, что Байкал является зарождающимся океаном.

2.4. РЕЛЬЕФ

Рельеф:

45 % — леса;

4 % — воды;

13 % — сельскохозяйственные земли;

19 % — оленьи пастбища;

19 % — прочие земли.

Большая часть территории — равнины: на западе — Восточно-Европейская равнина, в пределах которой имеются небольшие возвышенности: Валдайская, Среднерусская, Приволжская и др., есть также низменности. К востоку от Урала — Западно-Сибирская равнина, Среднесибирское плоскогорье. Далее на восток — Центральноякутская равнина (низменность).

Горы в России имеются в восточной и южной её частях.

На европейской территории — Кавказ; высшая точка — г. Эльбрус, 5642 м.

На Камчатке и Курильских островах активно действуют вулканы.

2.5. ВУЛКАНЫ ПРОСНУЛИСЬ

Источник:
«Россия», «Вести-24», 26.12.08 (00'27")

1. Выясните по двуязычному словарю значения следующих слов и выражений, запишите их перевод в таблицу.

Слова и словосочетания	Значение
вулкан	
трещина	
склон	
выбрасывать/выбросить (кого? что?), ⊠ выброс (кого? чего?): *выброс газа*	
пепел	
пар	
извергать/извергнуть (что?), ⊠ извержение (чего?)	
угроза (для кого? для чего?): *угроза для населённых пунктов*	

Ведущий:

— На Камчатке активизировался вулкан Корякский, который многие годы находился в состоянии покоя. Из трещин на склоне начался выброс газа и пепла. Его извержение может быть очень опасным. Окончательно ли проснулся вулкан или нет, пока не ясно. Специалисты расходятся в своих оценках.

А вот вулканы Шивелуч и Ключевская Сопка активизировались уже давно. Непосредственной угрозы для населённых пунктов пока нет, однако их выбросы представляют опасность для авиации. Пар и газ поднимаются на высоту до 6 км.

КЛЮЧ (упр. 3):
1. Корякский;
2. Шивелуч;
3. Ключевская Сопка.

2. Прочитайте вслух цепочки слов. Последнее звено каждой цепочки повторите, не смотрите в текст.

Покой → состояние покоя → находиться в состоянии покоя → многие годы находиться в состоянии покоя → вулкан многие годы находился в состоянии покоя.

Выброс → выброс газа → выброс газа и пепла → начался выброс газа и пепла → из трещин начался выброс газа и пепла → из трещин на склоне начался выброс газа и пепла.

Извержение → извержение может быть опасным → его извержение может быть опасным → его извержение может быть очень опасным.

Угроза → угроза для населённых пунктов → угрозы для населённых пунктов нет → угрозы для населённых пунктов пока нет → непосредственной угрозы для населённых пунктов пока нет.

3. Посмотрите видеосюжет. По ходу просмотра запишите названия действующих вулканов. После просмотра ответьте на вопросы.

1. Опасно ли извержение вулканов на Камчатке для людей?

2. Какие глаголы в тексте обозначают переход вулкана из состояния покоя в активную фазу? А как это выражается в вашем родном языке? Какой способ выражения вы считаете более точным?

3. Какое впечатление произвела на вас Камчатка с активно действующими вулканами? Хотели бы вы побывать там?

2.6. КАМЧАТКА: МЕДВЕЖИЙ УГОЛОК

Источник:
«Россия», «Доброе утро, Россия!», «Вести», «Моя планета», 30.10.08 (01'48")

СИНХРОННЫЙ ТЕКСТ
(«Камчатка: медвежий уголок»)

Ведущая:

— Курильское озеро — одно из самых красивых на Камчатке. А ещё это одно из самых рыбных мест полуострова. Здесь очень много нерки, которую так любят бурые медведи. Поэтому и бурого медведя здесь тоже очень много. И все состоятельные путешественники, которые приезжают на Камчатку, считают своим долгом непременно посетить Курильское озеро, чтобы понаблюдать за медвежьей рыбалкой.

Местные медведи в рыбалке — большие профес-

1. Прочитайте комментарий, необходимый для понимания видеосюжета.

◆ **бу́рый медве́дь** • Медведь, обитающий в лесу и имеющий коричневый (бурый) мех (в отличие от белого медведя, обитающего в Арктике и имеющего белый мех).

◆ **косола́пый** • Традиционное для русского фольклора название бурого медведя.

◆ **не́рка** • Вид красной рыбы (разновидность лосося).

◆ **медве́жий у́гол, уголо́к** *(фраз.)* • Отдалённое, глухое, малонаселённое место.

◆ **аж** • Даже.

◆ **вся́кое быва́ет** • Бывает по-разному = бывают разные ситуации.

◆ **и так и сяк** • Разными способами.

◆ **посла́ть ма́том** • Разговаривать с кем-то, используя мат, грубые слова, не принятые в общении культурных людей (раньше разрешались только в неформальном общении мужчин — строителей, моряков, военных и т. п.).

◆ **счита́ют свои́м до́лгом** + инф. СВ/НСВ • Считают/думают, что должны + инф.: *считают своим долгом посетить...*

сионалы. Причем у каждого из них свой фирменный способ ловли рыбы. Некоторые мишки нападают сразу, а некоторые долго готовятся, высматривают и только потом глушат нерку.

Сложно поверить, но в 50 метрах буквально настоящие бурые медведи! Кстати, это маленькие экземпляры, полутораметровые всего. А взрослые — самцы! — до 3 метров бывают. Смотрите, красота какая!

Камчатку вообще называют самым медвежьим уголком нашей страны. Косолапых на полуострове аж 11 тысяч!

Людей мишки, которые обитают на Курильском озере, не боятся, и встретить их здесь можно где угодно.

Анатолий Скоморохов:

— Ну, всякое бывает... Сегодня вот, рассказывают, медведь встал — и не уходит с тропы, да?.. Ну, он и так и сяк. Он, ну это, фыркает! Ну, он матом его послал — тот ушёл.

РАБОЧАЯ МАТРИЦА

к тесту («Камчатка: медвежий уголок»)

Пози-ция	Правильный вариант ответа	
1	да	нет
2	да	нет
3	да	нет
4	да	нет
5	да	нет
6	да	нет

2. Выясните по двуязычному словарю значения следующих слов и выражений, запишите их перевод в таблицу.

Слова и словосочетания	Значение
состоятельный: *состоятельные путешественники*	
фирма, ⊠ фирменный: *фирменный способ*	
нападать/напасть (на кого? на что?): *нападать на нерку*	
глушить (рыбу): *глушить нерку*	
самец	
фыркать/фыркнуть (на кого? на что?)	

3. Где находится Камчатка? Найдите её на карте.

4. Посмотрите видеосюжет. По ходу просмотра подумайте, как используется фразеологизм *медвежий уголок* в названии сюжета.

После просмотра письменно ответьте на вопросы к тексту.

1. Как называется озеро, где снимали сюжет?

2. Как медведи добывают себе еду (корм)?

3. В каких отношениях находятся люди и звери на Курильском острове? Подсказка — вопрос 1.

5. Посмотрите видеосюжет ещё раз и выполните тест.
Отметьте в матрице, соответствуют ли содержанию текста данные ниже высказывания (да/нет).

1. Путешественники, приезжающие на Курильское озеро, кормят медведей, поэтому медведей там много.

2. Наблюдение за медвежьей рыбалкой — развлечение для богатых.

3. Все медведи ловят рыбу одинаково.

4. Взрослые медведи бывают ростом до 3 метров.

5. Бурые камчатские медведи — редкие звери.

6. Люди и медведи близко друг к другу не подходят.

2.7. КЛИМАТ

Россия — самая холодная страна мира. Среднегодовая температура −5,5 °C. В Финляндии, например, +1,5 °C.

Есть ещё такое понятие, как суровость климата, это разность летней и зимней температур, а также разность ночной и дневной. Тут Россия тоже вне конкуренции.

Климат почти везде континентальный; на северо-западе — морской; в Сибири и на Дальнем Востоке — резко континентальный; на юге Дальнего Востока — умеренно муссонный; на островах Северного Ледовитого океана и в северных районах материка — арктический, субарктический; на Черноморском побережье Кавказа — субтропический.

2.8. «У ПРИРОДЫ НЕТ ПЛОХОЙ ПОГОДЫ...»

Источник:
НТВ, «Сегодня» 22.11.2006,
(01'10")

1. Прочитайте комментарий, чтобы понять видеосюжет.

◆ **«У приро́ды нет плохо́й пого́ды...»** • Слова песни из популярного кинофильма «Служебный роман» (1977 год).

◆ **гидрометце́нтр Росси́и** • Государственный метеорологический центр, служба, которая составляет прогноз погоды на территории Российской Федерации.

◆ **материко́вая часть** • Часть суши, расположенная на материке (в отличие от островов).

◆ **цикло́н** • Передвижение тёплого воздуха в область холодного, приносит облачную погоду, дождь, снег, потепление зимой.

◆ **прибре́жный цикло́н** • Циклон, располагающийся на берегу моря или океана.

◆ **малоподви́жный цикло́н** • Почти не двигающийся.

◆ **в противове́с** (чему?) • В противоположность.

◆ **антицикло́н** • Передвижение холодного воздуха в область тёплого, приносит ясную погоду, похолодание.

◆ **штормово́й ве́тер** • Очень сильный ветер, приносит шторм на море, сильные волны.

◆ **оса́дки** • Дождь, снег, град.

◆ **оби́льные оса́дки** • Сильные осадки.

◆ **анома́льно ни́зкая температу́ра** • Температура, не характерная для данного региона и для данного времени года.

◆ **хозя́йничать** • Вести себя как хозяин.

◆ **подава́ться/пода́ться** (куда?) • Направиться: *пода́ться на север.*

◆ **слать оса́дки** • *Циклон шлёт осадки.*

◆ **проника́ть/прони́кнуть** (куда?) • Попасть вовнутрь, достичь чего-либо: *не даёт проникнуть холодному воздуху.*

◆ **колеба́ться** • Иметь неустойчивое значение: *температура колеблется.*

2. **Посмотрите видеосюжет с опорой на печатный текст. Затем письменно ответьте на вопросы, не глядя в текст.**

1. С каких регионов начинается информация: с западных или с восточных?

2. Какая погода была в этот день на Дальнем Востоке?

3. Где было холоднее всего, а где теплее всего? Какова была максимальная разница температур? Была ли погодная ситуация в общем нормальной или можно отметить аномалии?

4. Можно ли сказать, что в России одновременно бывают и настоящая зима, и тёплое лето? Где-то можно купаться, а где-то — кататься на лыжах?

5. Что больше всего влияет на погоду в западной части России? Кто там «хозяйничал» 22 ноября 2006 года?

6. Очень ли различалась в этот день погода в Москве и Петербурге?

7. Какая организация предоставляет информацию о погоде во всей стране?

СИНХРОННЫЙ ТЕКСТ
(«У природы нет плохой погоды...»)

О погоде на завтра. Информация предоставлена Гидрометцентром России.

На Дальнем Востоке, над материковой частью, в противовес прибрежным циклонам обосновались антициклоны. Тут без осадков, но холодно. Холодно и на тихоокеанском побережье. Здесь штормовой ветер и осадки. Без осадков разве что в Приморье и на юге Хабаровского края. Во Владивостоке — минус 2—4, в Анадыре — минус 3—5. В Южно-Сахалинске — ноль — плюс 2. В Якутске — минус 30—32.

И в Сибири — настоящая зима, правда, в основном в Западной. В Восточной — малоподвижный циклон и снег всюду, кроме Таймыра. А в Западной Сибири антициклон затянул в южные области холодный арктический воздух — здесь аномально низкая температура: в Омске — минус 16—18, в Новосибирске — минус 11—13, в Тюмени — минус 18—20, а в Красноярске — всего минус 7—9.

Другой своей стороной тот же антициклон хозяйничает и на европейской территории. На юге без осадков, а с Атлантики идут циклоны, причём тот, что подался на север, хотя и шлёт обильные осадки, но не даёт проникнуть холодному воздуху и в результате — аномально высокая температура. До минус 12 лишь на Средней Волге, а так от Мурманска до Ростова-на-Дону температура колеблется около нуля. В Краснодарском крае до плюс 12, в Сочи до плюс 20.

В Петербурге ночью плюс 1—3, днём плюс 3—5 и небольшой дождь, а в Москве — без осадков, ночью минус 2, днём около нуля.

ТЕМА ДЛЯ ДИСКУССИИ

■ Согласны ли вы, что «нет плохой погоды» (...а есть плохая одежда)?

2.9. ЭНЕРГЕТИЧЕСКОЕ ПАРТНЁРСТВО: ИСТОРИЯ И ПЕРСПЕКТИВЫ

Источник:
«Россия», «Вести-24»,
07.09.08 (05'24")

Полезные ископаемые

В процентах от мировой добычи:

30 % — природный газ;
10—20 % — редкие, цветные и благородные металлы;
15 % — нефть;
14 % — железная руда;
5 % — каменный уголь.

СИНХРОННЫЙ ТЕКСТ («Энергетическое партнёрство: история и перспективы»)

Диктор *(за кадром)*:
— В 2008 году исполняется 40 лет с момента первых поставок российского газа в Западную Европу. Первой капиталистической страной, закупившей газ у СССР, стала Австрия. Через 5 лет к ней присоединилась Германия.

А открыл российскому газу дорогу на Запад газопровод «Братство», по ко-

1. Прочитайте комментарий, чтобы понять видеосюжет.

◆ **голубо́е то́пливо** • Переносное название природного газа; для нефти есть другая метафора — **чёрное золото**.

Есть ли в вашем родном языке похожие выражения?

2. Выясните по двуязычному словарю значения следующих слов и выражений, запишите их перевод в таблицу.

I. Добыча и продажа

Слова и словосочетания	Значение
добывать (что?), ⊠ добыча (чего?): *добыча газа*	
месторождение (чего? какое?): *газоконденсатное месторождение*	
кубометр (чего?): *кубометр газа*	
поставлять/поставить (что? кому? куда?), ⊠ поставщик (чего?): *поставлять газ в Европу*	
поставка (чего?): *заключить контракт на поставку газа*	

торому голубое топливо из СССР в 1967 году впервые пришло в Чехословакию. В 1970 году между СССР и Германией был заключён 20-летний контракт на поставку газа, получивший название «Газ — трубы». В обмен на поставки газа в Германию Советский Союз получал трубы для строительства магистральных трубопроводов. С финансовой точки зрения он был выгоден обеим сторонам.

В середине 70-х в СССР, Болгарии, Венгрии, ГДР, Польше и Чехословакии было начато строительство магистрального трубопровода «Союз» длиной 2750 км, который связал оренбургское газоконденсатное месторождение с потребителями Восточной Европы.

В 1982 году стартовала последняя грандиозная всесоюзная стройка трансконтинентального газопровода Уренгой — Помары — Ужгород. 4,5 тысячи км стальной трубы были смонтированы всего за 2 года, и уже в январе 84-го газ из Уренгойского месторождения начинает экспортироваться в Западную Европу по трансконтинентальному газопроводу Западная Сибирь — Западная Европа протяжённостью свыше 20 000 км.

На экспорт в 32 страны мира сегодня поставляется треть всего добываемого в России газа — 182 миллиар-

потреблять/потребить (что?), ⊠ потребитель (чего?)	
экспортировать (что?), ⊠ экспорт (чего?)	
импортировать (что?), ⊠ импорт (чего?)	
рынок сбыта	
соглашение о...	

II. Техническая сторона

Слова и словосочетания	Значение
труба, трубы, трубопровод, газопровод	
(проектная) мощность газопровода	
пропускная способность	
намечать/наметить (что?): *наметить маршрут газопровода*	
корректировать/скорректировать (что?), ⊠ скорректированный: *маршрут скорректирован с учётом...*	
монтировать/смонтировать (что?), ⊠ монтаж (чего?)	
ввод в эксплуатацию	

III. Транспорт

Слова и словосочетания	Значение
магистраль (трансконтинентальная), ⊠ магистральный	
протяжённый, ⊠ протяжённость: *газопровод протяжённостью свыше 20 000 км*	
газотранспортный коридор	
транспортировка (чего?)	

дов кубометров. Российскими поставками обеспечивается 28 % мирового импорта трубопроводного газа. Главный рынок сбыта — Западная Европа, а основные газотранспортные коридоры проходят через Украину, Белоруссию и по дну Чёрного моря. Предполагается, что к 2020 году потребление газа в Европе удвоится, а зависимость от импорта вырастет с нынешних 50 до 65 %. Поэтому строительство новых транспортных веток газопроводов и снижение стоимости транспортировки становятся наиболее актуальной задачей.

Первый проект подводного трубопровода, названного «Голубой поток», был реализован в 2002 году. «Голубой поток» — газопровод между Россией и Турцией, проложенный по дну Чёрного моря. Общая протяжённость — 1213 км, из них морской участок — 396 км. Соглашение о строительстве газопровода было заключено в 1997 году. По нему Россия должна поставить в Турцию до 2025 года 364,5 миллиардов кубометров газа. С учётом этого проектная мощность газопровода составила 16 миллиардов кубометров в год.

Идея понравилась. И сегодня разрабатываются новые проекты транспортировки газа по морю, минуя территории других стран.

IV. Отношения между партнёрами

Слова и словосочетания	Значение
выгодный, выгоден: *контракт выгоден обеим сторонам*	
обеспечивать/обеспечить (что?), ⊠ обеспечение (чего?): *обеспечение энергетической безопасности Европы*	
удваивать(-ся)/удвоить(-ся)	
вырастать/вырасти	

3. Какое значение имеет слово *нитка* в выражении *первая нитка газопровода «Нордстрим»*?

4. Прочитайте вслух цепочки слов. Последнее звено каждой цепочки повторите, не смотрите в текст.

Поставка → поставки → поставки газа → поставки российского газа → поставки российского газа в Европу → поставки российского газа в Западную Европу.

Контракт → был заключён контракт → между СССР и Германией был заключён контракт → между СССР и Германией был заключён контракт на поставку газа → в 1970 году между СССР и Германией был заключён контракт на поставку газа → в 1970 году между СССР и Германией был заключён 20-летний контракт на поставку газа.

Выгодный → выгоден → был выгоден → договор был выгоден → договор был выгоден обеим странам → с финансовой точки зрения договор был выгоден обеим странам.

Стройка → всесоюзная стройка → грандиозная всесоюзная стройка → последняя грандиозная всесоюзная стройка → в 1982 году стартовала последняя грандиозная всесоюзная стройка → в 1982 году стартовала последняя грандиозная всесоюзная стройка газопровода Уренгой — Помары — Ужгород → в 1982 году стартовала последняя грандиозная всесоюзная стройка трансконтинентального газопровода Уренгой — Помары — Ужгород.

Импорт → мировой импорт → 28 % мирового импорта → 28 % мирового импорта трубопроводного газа → обеспечивается 28 % мирового импорта трубопроводного газа → российскими поставками обеспечивается 28 % мирового импорта трубопроводного газа.

Сотрудник Газпрома:

— Мы вот находимся сегодня на историческом месте с вами. Справа от нас — остров Рюген. Передо мной в 15 километрах — город Грайфсвальд, куда в одиннадцатом году придёт первая нитка газопровода «Нордстрим», по которой в Европу будет поставляться 27,5 миллиардов кубов газа. Через 2 года — вторая нитка. И вот это место в обеспечении энергетической безопасности Европы, в ближайшее десятилетие по крайней мере, будет играть для Европы ключевое значение.

Диктор *(за кадром)*:

— «Северный поток» соединит балтийское побережье России под Выборгом с балтийским берегом Германии в районе Грайфсвальда. Протяжённость — около 1200 км. Маршрут газопровода намечен, насколько это возможно, как прямая линия и при этом скорректирован с учётом определённых зон, таких как экологически чувствительные участки захоронения химического оружия, военные зоны, важные навигационные маршруты.

«Южный поток». Ещё один морской проект Газпрома, в реализации которого заинтересованы, помимо России, Италия и страны Балканского полуострова. Предусматривается, что морской участок газопровода пройдёт по дну Чёрного моря от ком-

Трубопровод → подводный трубопровод → проект подводного трубопровода → первый проект подводного трубопровода → первый проект подводного трубопровода был реализован в 2002 году → первый проект подводного трубопровода, названного «Голубой поток», был реализован в 2002 году.

Мощность → проектная мощность → проектная мощность газопровода → проектная мощность газопровода составила 16 миллиардов кубометров → проектная мощность газопровода составила 16 миллиардов кубометров в год.

Маршрут → маршрут газопровода → маршрут газопровода намечен → маршрут газопровода намечен и скорректирован → маршрут газопровода намечен как прямая линия и скорректирован с учётом определённых зон.

Море → морской → морской участок → морской участок газопровода → морской участок газопровода пройдёт → морской участок газопровода пройдёт по дну → морской участок газопровода пройдёт по дну Чёрного моря.

Эксплуатация → ввод в эксплуатацию → ввод в эксплуатацию морского участка → ввод в эксплуатацию морского участка намечен → ввод в эксплуатацию морского участка намечен на 2013 год.

Пропускная способность → пропускная способность — 30 миллиардов кубометров → пропускная способность — 30 миллиардов кубометров в год → система с пропускной способностью 30 миллиардов кубометров в год → газопроводная система с пропускной способностью 30 миллиардов кубометров в год.

Опасный → опасность → безопасность → энергетическая безопасность → обеспечение энергетической безопасности → обеспечение энергетической безопасности Европы.

Оружие → химическое оружие → захоронить химическое оружие → захоронение химического оружия → участки захоронения химического оружия.

прессорной станции «Береговая» на российском побережье до побережья Болгарии. Общая протяжённость черноморского участка составит около 900 км, максимальная глубина — более 2 км, проектная мощность — 30 миллиардов кубометров. Ввод в эксплуатацию морского участка намечен на 2013 год. Для наземного участка от Болгарии рассматривается 2 возможных маршрута: один на северо-запад, другой на юго-запад.

20 декабря 2007 года Россия, Казахстан и Туркмения подписали соглашение о строительстве прикаспийского газопровода. Проект предусматривает реконструкцию в 2009—2010 годах старого трубопровода Средняя Азия — Центр от туркменского Бекдаша до казахстанского Бейнеу и далее с прокачкой до 10 миллиардов кубометров в год. А на втором этапе в 2010—2017 годах — строительство нового газопровода до Александрова Гая на российско-казахстанской границе с пропускной способностью 20 миллиардов кубометров в год. В результате будет создана прикаспийская газопроводная система с пропускной способностью 30 миллиардов кубометров газа в год. Прикаспийский газопровод пройдёт вдоль побережья Каспийского моря, частично по туркмен-

5. Посмотрите видеосюжет. По ходу просмотра заполните таблицу. Имейте в виду, что в некоторых случаях будет отсутствовать частная информация, например об объёмах поставок. Затем с опорой на свою таблицу составьте и запишите тезисный план официального сообщения о 40-летней истории экспорта газа из России. Выступите с таким сообщением с опорой на план. Послушайте выступления других студентов и задайте уточняющие вопросы докладчикам.

Название проекта, протяжённость (длина)	Участвующие страны	Время реализации	Объём поставок
«Братство»	СССР, Чехословакия	1967 г.	
«Газ — трубы»			
«Союз»			
Уренгой — Помары — Ужгород			
«Голубой поток»			
«Северный поток» («Нордстрим»)			
«Южный поток»			
Средняя Азия — Центр			

6. Посмотрите видеосюжет ещё раз и выполните тест.

А) Отметьте в матрице, соответствуют ли содержанию текста следующие высказывания (да/нет).

1. Германия в обмен на газ поставляла в Россию автомобили.

2. Трубопровод «Союз» строили 5 стран.

3. Начало трубопровода «Союз» находилось недалеко от Оренбурга.

4. Длина последнего советского газопровода из Уренгоя — 3200 км.

5. Российский газ покупают 32 страны.

6. Первый подводный трубопровод соединил Россию и Болгарию.

Б) Закончите предложения в соответствии с содержанием текста, отметьте в матрице правильный ответ.

7. Германия начала покупать российский газ ... .
   а) одновременно с Австрией
   б) позже Австрии
   в) раньше Австрии

ской территории. Благодаря этому экспорт туркменского газа в Россию увеличится на 20 миллиардов кубометров и составит 80 миллиардов кубометров в год.

РАБОЧАЯ МАТРИЦА
к тесту («Энергетическое партнёрство: история и перспективы»)

Задание	Позиция	Правильный вариант ответа		
1	1	да	нет	
	2	да	нет	
	3	да	нет	
	4	да	нет	
	5	да	нет	
	6	да	нет	
2	7	а	б	в
	8	а	б	в
	9	а	б	в
	10	а	б	в
	11	а	б	в
	12	а	б	в
3	13			
	14			
	15			
	16			
	17			
	18			

8. Первый российский газопровод в европейские страны назывался ... .
   а) «Союз»
   б) «Дружба»
   в) «Братство»

9. Из добываемого газа Россия продаёт ... .
   а) половину
   б) треть
   в) четверть

10. В дальнейшем зависеть от российского газа Европа будет ... .
   а) так же, как сейчас
   б) меньше
   в) больше

11. Маршрут «Северного потока» не учитывает ... .
   а) экологическую безопасность
   б) участки захоронения химического оружия
   в) рельеф дна

12. В строительстве прикаспийского газопровода кроме России участвуют ... .
   а) Казахстан и Туркмения
   б) Казахстан и Азербайджан
   в) Азербайджан и Туркмения

В) Закончите высказывания.

13. Российскими поставками обеспечивается 28 % ... .

14. Снижение стоимости транспортировки становится ... .

15. Сегодня разрабатываются новые проекты транспортировки газа по морю, минуя ... .

16. «Северный поток» соединит балтийское побережье России под Выборгом с ... .

17. Будет создана прикаспийская газопроводная система с пропускной способностью 30 миллиардов ... .

18. В 2008 году исполняется 40 лет с момента первых ... .

ТЕМЫ ДЛЯ ДИСКУССИИ

■ Газ — стратегический потенциал России.

■ Газопровод как современное орудие политического давления.

2.10. ГАЗА ХВАТИТ НА ВСЕХ

Источник:
«Первый канал», 24.09.09
(03'55")

1. Прочитайте комментарий, необходимый для понимания видеосюжета. Если нужно, воспользуйтесь словарём.

◆ **поля́рный круг (Се́верный поля́рный круг)** • Параллель на карте Земли, которая находится в 66°33'39" к северу от экватора. Область к северу от Северного полярного круга называется Арктикой, к югу от него находится северный пояс умеренного климата. Аналогичная полярному кругу параллель в южном полушарии — Южный полярный круг.

Северный полярный круг обозначает южную границу области полярного дня и полярной ночи.

◆ **Кра́йний Се́вер** • Часть территории России, расположенная главным образом к северу от Полярного круга. Климат здесь очень суровый. Территория Крайнего Севера — это арктическая зона, тундра и лесотундра, а также тайга.

◆ **ту́ндра** • Природная зона, находящаяся севернее тайги; один из районов вечной мерзлоты. Южную границу тундры считают началом Арктики. Название «тундра» по одной версии происходит из саамского языка и означает «мёртвая земля».

◆ **ве́чная мерзлота́** • Явление природы: постоянная температура земли ниже 0 °C. Даже летом в районах вечной мерзлоты земля прогревается не более чем на полтора метра, а ниже остаётся лёд. Глубина мёрзлой земли иногда превышает 1000 м. 65 % территории России — это зона вечной мерзлоты, плохо подходящая для земледелия.

◆ **Яма́л** • Полуостров на севере Западной Сибири. Длина полуострова 700 км, ширина до 240 км. Омывается Карским морем. В основном — тундра. Много озёр. Здесь почти не живут люди. Коренные жители занимаются оленеводством, рыболовством. На полуострове находятся крупнейшие месторождения природного газа.

◆ **Яма́ло-Не́нецкий автоно́мный о́круг** • Субъект Российской Федерации (в составе Тюменской области), входит в состав Уральского федерального округа. Образован 10 декабря 1930 года.

◆ **Салеха́рд** • Административный центр Ямало-Ненецкого автономного округа.

◆ **СПГ (сжи́женный приро́дный газ)** • Природный газ в жидком состоянии.

◆ **коренно́й жи́тель** • См. **коренное население**, комментарии к тексту 1.5 («Северные рубежи России»).

2. Выясните по двуязычному словарю значения следующих слов и выражений, запишите их перевод в таблицу.

Слова и словосочетания	Значение
хватать / не хватать чего-либо кому-либо / на кого-либо, что-либо	
заманчивый: *заманчивые перспективы*	
кладовая: *сказочно богатая кладовая природы*	
сырьё	
недра	
разведка: *разведка недр*	
изыскания	
поручение: *дать поручение*	
льгота: *налоговая льгота*	
окупаться / окупиться	
хрупкий	
вмешательство: *неквалифицированное вмешательство*	
нужда: *нужды внутреннего потребления*	
рывок: *сделать рывок*	
смежный: *смежная отрасль*	
обустраивать / обустроить (что?): *обустраивать провинцию (= создавать в провинции инфраструктуру)*	
опора: *опоры уходят на 60 м в вечную мерзлоту*	

3. Запомните следующие выражения, которые прозвучат в видеосюжете.

Быть кому-либо по плечу: *самые амбициозные проекты (нам) по плечу* = мы можем, мы в состоянии, у нас есть силы и возможности, чтобы осуществить такие большие проекты.

Делать что-либо на совесть: *На Ямале мы должны сразу сделать всё на совесть* = делать очень хорошо, чтобы потом не было стыдно, чтобы *совесть* не мучила.

4. Посмотрите видеотекст. Обратите внимание, что данный новостной видеосюжет идёт с *бегущей строкой* (в нижней части экрана перед вами «бегут» слова). Сравните звучащий текст с *бегущей строкой* и обратите внимание на разницу между ними. Разницу между репликами В. Путина впишите в таблицу. Существенна ли она, по вашему мнению?

Звучащий (синхронный) текст	Печатный текст (бегущая строка)
Ведущий: — Сейчас в Ямало-Ненецком округе добывается более 90 % голубого топлива в России. Но на самом полуострове темп разработок замедляет плохо развитая инфраструктура. Продолжение темы — у Максима Боброва.	
М. Бобров *(за кадром)*: — Регион стратегически важный и для внутреннего энергетического рынка, и для европейских потребителей. Владимир Путин приветствовал сегодня в Салехарде представителей крупнейших мировых нефтегазовых компаний. Для них на Ямале открываются заманчивые перспективы. Глава правительства напомнил: эти места — поистине сказочно богатая кладовая природы.	
В. Путин: — Только объём крупнейшего из этих месторождений, Бабаненково составляет 5 трлн кубических метров газа. А в целом на Ямале речь идёт примерно о 12 трлн кубических метров газового сырья. Причём нет сомнения в том, что дополнительная разведка недр приведёт к существенному увеличению названных мною цифр. Запасы плюс ресурсы равны 55 трлн кубических метров газа. И это подтверждено изысканиями и документами.	
М. Бобров *(за кадром)*: — Чтобы привлечь иностранных инвесторов к разработке новых месторождений, премьер дал поручение рассмотреть вопрос о налоговых льготах. Они в конечном счете окупятся и поступлениями в бюджет, и рабочими местами, и высокими технологиями. Единственное условие со стороны России для западных компаний — сотрудничество должно быть стабильным и долгосрочным. Тогда и самые амбициозные проекты по плечу. Об одном из них премьер сказал отдельно.	

ПРИРОДА, КЛИМАТ, РЕСУРСЫ

В. Путин: — Это создание нового центра по сжиженному природному газу в России. Производство СПГ откроет российскому газу путь на новые рынки, позволит овладеть инновационными технологиями, которые пока почти не применяются в нашей газовой промышленности.	
М. Бобров *(за кадром)*: — Добыча газа и нефти на Ямале открывает много новых возможностей и для потребителей, и для зарубежных компаний, и для ряда отраслей российской экономики. Но за экономической выгодой нельзя забывать об экологии, напомнил Путин.	
В. Путин: — На Ямале мы должны сразу сделать всё на совесть. Прежде всего это касается экологической безопасности. Природа Крайнего Севера очень хрупка. Она не потерпит неквалифицированного вмешательства. Вы знаете, Россия обладает уникальной единой системой газоснабжения, планирует и дальше развивать трубопроводные проекты. И разумеется, газ Ямала должен поступать в центральную часть России, использоваться для нужд внутреннего потребления. Но в то же время работа с нуля — это уникальная возможность сделать технологический рывок и в развитии газовой промышленности, и в смежных отраслях, прежде всего в машиностроении.	
М. Бобров *(за кадром)*: — Новую нефтегазовую провинцию обустраивают, создавая всю необходимую инфраструктуру. Мост через реку Юрибей — уникальное сооружение. Опоры уходят на 60 м в вечную мерзлоту. Построили такой сложнейший объект в рекордные сроки — менее чем за год.	
А. Миллер: — 3892 м 92 см! Самый длинный мост за Полярным кругом.	
М. Бобров *(за кадром)*: — Современные технологии и в условиях тундры уже не экзотика...	
Местный житель: — Ага! Пока, доця! (= доча = дочка).	
М. Бобров *(за кадром)*: — Но если мобильным телефоном оленеводов не удивишь, то такой мост и железная дорога их впечатляют. Впрочем, новая ветка — это не только путь к богатейшему месторождению в Бабаненково, но и бо́льший бытовой комфорт для коренных жителей.	
Несени Серотето: — Вот оно, раз сказали к 2009-му будет вот строительство. Говорили: «А... Ну ладно... Может, потом забудут». А вот — не забыли! И все вот удивляются — какой мост! Какая дорога!	

ТЕМА ДЛЯ ДИСКУССИИ

■ Чем тратить деньги на нефтегазовые проекты, лучше развивать высокие технологии.

Звучащий (синхронный) текст	Печатный текст (бегущая строка)
Ведущий: — Сейчас в Ямало-Ненецком округе добывается более 90 % голубого топлива в России. Но на самом полуострове темп разработок замедляет плохо развитая инфраструктура. Продолжение темы — у Максима Боброва.	В ближайшее время Ямал станет новым газодобывающим районом страны. Об этом сегодня было заявлено на совещании в Салехарде, которое провёл Владимир Путин. Сейчас в Ямало-Ненецком АО добывается более 90 % голубого топлива в России.
М. Бобров *(за кадром)*: — Регион стратегически важный и для внутреннего энергетического рынка, и для европейских потребителей. Владимир Путин приветствовал сегодня в Салехарде представителей крупнейших мировых нефтегазовых компаний. Для них на Ямале открываются заманчивые перспективы. Глава правительства напомнил: эти места — поистине сказочно богатая кладовая природы.	Владимир Путин приветствовал сегодня в Салехарде представителей крупнейших мировых нефтегазовых компаний. Для них на Ямале открываются заманчивые перспективы. Эти места — сказочно богатая кладовая природы.
В. Путин: — Только объём крупнейшего из этих месторождений, Бабаненково[1], составляет 5 трлн кубических метров газа. А в целом на Ямале речь идёт примерно о 12 трлн кубических метров газового сырья. Причём нет сомнения в том, что дополнительная разведка недр приведёт к существенному увеличению названных мною цифр. Запасы плюс ресурсы равны 55 трлн кубических метров газа. И это подтверждено изысканиями и документами.	Владимир Путин: «Только объём крупнейшего месторождения Бабаненково составляет 5 трлн кубометров газа. В целом на Ямале речь идёт примерно о 12 трлн кубометров газового сырья. Нет сомнения в том, что дополнительная разведка недр приведёт к существенному увеличению названных мною цифр. Запасы плюс ресурсы равны 55 трлн кубометров газа. И это подтверждено изысканиями и документами».
М. Бобров *(за кадром)*: — Чтобы привлечь иностранных инвесторов к разработке новых месторождений, премьер дал поручение рассмотреть вопрос о налоговых льготах. Они в конечном счете окупятся и поступлениями в бюджет, и рабочими местами, и высокими технологиями. Единственное условие со стороны России для западных компаний — сотрудничество должно быть стабильным и долгосрочным. Тогда и самые амбициозные проекты по плечу. Об одном из них премьер сказал отдельно.	Чтобы привлечь иностранных инвесторов к разработке новых месторождений, премьер дал поручение рассмотреть вопрос о налоговых льготах. Они в конечном счёте окупятся и поступлениями в бюджет, и рабочими местами, и высокими технологиями. Единственное условие для западных компаний — сотрудничество должно быть стабильным и долгосрочным.
В. Путин: — Это создание нового центра по сжиженному природному газу в России. Производство СПГ откроет российскому газу путь на новые рынки, позволит овладеть инновационными технологиями, которые пока почти не применяются в нашей газовой промышленности.	Владимир Путин: «Создание нового центра по сжиженному природному газу в России, производство СПГ откроет российскому газу путь на новые рынки, позволит овладеть инновационными технологиями, которые пока почти не применяются в нашей газовой промышленности».

---

[1] Ошибка репортёра. Месторождение называется Бованенково.

М. Бобров (*за кадром*): — Добыча газа и нефти на Ямале открывает много новых возможностей и для потребителей, и для зарубежных компаний, и для ряда отраслей российской экономики. Но за экономической выгодой нельзя забывать об экологии, напомнил Путин.	Добыча газа и нефти на Ямале открывает много новых возможностей, но, как напомнил премьер, за экономической выгодой нельзя забывать об экологии.
В. Путин: — На Ямале мы должны сразу сделать всё на совесть. Прежде всего это касается экологической безопасности. Природа Крайнего Севера очень хрупка. Она не потерпит неквалифицированного вмешательства. Вы знаете, Россия обладает уникальной единой системой газоснабжения, планирует и дальше развивать трубопроводные проекты. И разумеется, газ Ямала должен поступать в центральную часть России, использоваться для нужд внутреннего потребления. Но в то же время работа с нуля — это уникальная возможность сделать технологический рывок и в развитии газовой промышленности, и в смежных отраслях, прежде всего в машиностроении.	Владимир Путин: «Природа Крайнего Севера очень хрупка. Она не потерпит неквалифицированного вмешательства. Вы знаете, Россия обладает уникальной единой системой газоснабжения, планирует и дальше развивать трубопроводные проекты. Разумеется, газ Ямала должен поступать в Центральную Россию, использоваться для нужд внутреннего потребления. В то же время работа с нуля — уникальная возможность сделать технологический рывок и в развитии газовой промышленности, и в смежных отраслях».
М. Бобров (*за кадром*): — Новую нефтегазовую провинцию обустраивают, создавая всю необходимую инфраструктуру. Мост через реку Юрибей — уникальное сооружение. Опоры уходят на 60 м в вечную мерзлоту. Построили такой сложнейший объект в рекордные сроки — менее чем за год.	Новую нефтегазовую провинцию обустраивают, создавая необходимую инфраструктуру. Например, мост через реку Юрибей — уникальное сооружение: опоры уходят на 60 метров в вечную мерзлоту. Построили этот сложный объект в рекордные сроки — менее чем за год.
А. Миллер: — 3892 м 92 см! Самый длинный мост за Полярным кругом.	По словам Алексея Миллера, это самый длинный в мире мост за Полярным кругом.
М. Бобров (*за кадром*): — Современные технологии и в условиях тундры уже не экзотика...	Современные технологии в условиях тундры не экзотика.
Местный житель: — Ага! Пока, доця! (= доча = дочка).	(—)
М. Бобров (*за кадром*): — Но если мобильным телефоном оленеводов не удивишь, то такой мост и железная дорога их впечатляют. Впрочем, новая ветка — это не только путь к богатейшему месторождению в Бабаненково, но и бóльший бытовой комфорт для коренных жителей.	Оленеводы уже пользуются мобильной связью. Но мост и железная дорога их впечатляют. Новая ветка — это не только путь к богатейшему месторождению нефти, но и большой бытовой комфорт для коренных жителей Севера.
Несени Серотето: — Вот оно, раз сказали к 2009-му будет вот строительство. Говорили: «А... Ну ладно... Может, потом забудут». А вот — не забыли! И все вот удивляются — какой мост! Какая дорога!	(—)

РЕГИОНЫ

3.1. ГОСУДАРСТВЕННОЕ УСТРОЙСТВО РФ: РЕГИОНЫ

Конституция РФ

Глава 3. Федеративное устройство

По статье 65.

1. В составе Российской Федерации находятся субъекты Российской Федерации.

21 республика: Р. Адыгея, Р. Алтай, Р. Башкортостан, Р. Бурятия, Р. Дагестан, Р. Ингушетия, Кабардино-Балкарская Р., Р. Калмыкия, Карачаево-Черкесская Р., Р. Карелия, Р. Коми, Р. Марий Эл, Р. Мордовия, Р. Саха (Якутия), Р. Северная Осетия — Алания, Р. Татарстан, Р. Тыва, Удмуртская Р., Р. Хакасия, Чеченская Р., Р. Чувашия.

10 автономных округов: Агинский Бурятский, Коми-Пермяцкий, Корякский, Ненецкий, Таймырский (Долгано-Ненецкий), Усть-Ордынский Бурятский, Ханты-Мансийский, Чукотский, Эвенкийский, Ямало-Ненецкий.

1 автономная область: Еврейская.

6 краёв: Алтайский, Краснодарский, Красноярский, Приморский, Ставропольский, Хабаровский.

49 областей: Амурская, Архангельская, Астраханская, Белгородская, Брянская, Владимирская, Волгоградская, Вологодская, Воронежская, Ивановская, Иркутская, Калининградская, Калужская, Камчатская, Кемеровская, Кировская, Костромская, Курганская, Курская, Ленинградская, Липецкая, Магаданская, Московская, Мурманская, Нижегородская, Новгородская, Новосибирская, Омская, Оренбургская, Орловская, Пензенская, Пермская, Псковская, Ростовская, Рязанская, Самарская, Саратовская, Сахалинская, Свердловская, Смоленская, Тамбовская, Тверская, Томская, Тульская, Тюменская, Ульяновская, Челябинская, Читинская, Ярославская.

2 города федерального значения: Москва и Санкт-Петербург.

2. Принятие в Российскую Федерацию и образование нового субъекта осуществляются в порядке, установленном федеральным конституционным законом.

В настоящее время просматривается стабильная тенденция к укрупнению субъектов Федерации. Например, можно считать решённым вопрос об объединении следующих субъектов:

1. Коми-Пермяцкий автономный округ + Пермская область;

2. Красноярский край + Таймырский (Долгано-Ненецкий) автономный округ + Эвенкийский автономный округ;

3. Камчатская область + Корякский автономный округ;

4. Иркутская область + Усть-Ордынский Бурятский автономный округ.

3.2. ЧУКОТСКИЙ АВТОНОМНЫЙ ОКРУГ

Источник:
«Россия», «Вести», 23.09.09
(01'15")

1. Прочитайте комментарий, необходимый для понимания видеосюжета.

◆ **губерна́тор** • Глава исполнительной власти региона.
◆ **Ана́дырь** • Город-порт на крайнем северо-востоке России, административный центр Чукотского автономного округа. Расположен на берегу Анадырского залива Берингова моря, в зоне вечной мерзлоты.

2. Выясните по двуязычному словарю значения следующих слов и выражений, запишите их перевод в таблицу.

Слова и словосочетания	Значение
проводить/провести (что?): *провести совещание*	
нуждаться (в чём?): нуждаются *в инвестициях*	
ориентироваться (на что?): *ориентироваться на суровый климат*	
быть доступным, доступен: *доступна даже телемедицина*	
отвечать (чему?): *отвечать требованиям*	
местные традиции	
резать + кость, ⊠ косторезный: *косторезное искусство*	

визитная карточка края	
тоскливо: *Выглядеть тоскливо*	

3. Посмотрите видеотекст. Сравните звучащий текст с бегущей строкой, обратите внимание на разницу между ними и впишите её в таблицу. Существенна ли она, по вашему мнению?

Звучащий (синхронный) текст	Печатный текст (бегущая строка)
	Следующая остановка — поселок Канчалан. Несколько лет назад он был кардинально перестроен. Появилась структура, ориентированная на суровый климат, современное жильё. Дмитрий Медведев смог убедиться, что всё необходимое действительно есть. Электричество, горячая вода, телефон и даже Интернет. А ведь совсем недавно, рассказывали хозяева, всё было совсем не так.
	Дмитрий Медведев: «Хороший дом у вас, приятная атмосфера такая. Желаю вам, чтобы у вас всё было хорошо».
	В Канчалане появилась больница с новейшим оборудованием. Теперь такие строят по всему округу. Центр образования тоже отвечает самым современным требованиям. Электронные школьные доски, спортзал и компьютерные классы, тоже с Интернетом. Образовательная программа общероссийская, но с акцентом на местные традиции. В том, что их хранят, президент смог убедиться в анадырском музее. Дмитрий Медведев осмотрел все экспозиции, где были представлены уникальные работы художников и мастеров косторезного искусства Чукотки начала XX века. Визитная карточка края — чукотско-эскимосский ансамбль «Эргерон». Основанный в 1968 году...

4. Выполните тест.

☞ **Закончите предложения в соответствии с содержанием текста, отметьте в матрице правильный ответ.**

1. Чукотке нужны деньги, прежде всего чтобы решить … .
   а) проблемы энергетики
   б) социальные проблемы
   в) проблемы энергетики и дорог

2. Президент поехал в Канчалан, потому что … .
   а) жизнь людей в Канчалане не изменилась к лучшему и требуется участие президента
   б) хотел увидеть своими глазами очень большие позитивные изменения
   в) это самый восточный регион России и начинать контроль надо отсюда

3. В гостях Д. Медведеву показывают фотографию … .
   а) старого жилого дома
   б) старой средней школы
   в) старого местного музея

4. Суперсовременная канчаланская больница на Чукотке … .
   а) пока единственная.
   б) не единственная.
   в) далеко не единственная.

5. Школьная программа в чукотских школах … .
   а) сильно отличается от общероссийской
   б) отличается от общероссийской, но не сильно
   в) ничем не отличается от общероссийской

6. Национальное искусство чукчей … .
   а) миру известно очень мало
   б) совсем не известно миру
   в) известно во многих странах

РАБОЧАЯ МАТРИЦА
к тесту («Чукотский автономный округ»)

Пози-ция	Правильный вариант ответа		
1	а	б	в
2	а	б	в
3	а	б	в
4	а	б	в
5	а	б	в
6	а	б	в

5. Если вы раньше представляли, как выглядит Чукотка, то сильно ли ваше представление отличается от того, что вы увидели в сюжете?

КЛЮЧ (упр. 3):

Звучащий (синхронный) текст	Печатный текст (бегущая строка)
Корреспондент *(за кадром)*: — На вертолёте Дмитрий Медведев провёл совещание с губернатором округа. Место подходящее, ведь удалённый регион нуждается в инвестициях, прежде всего в транспортную инфраструктуру и энергетику. Следующая остановка — поселок Канчалан. Несколько лет назад он был кардинально перестроен. Появилась инфраструктура, ориентированная на суровый климат, и современное жильё. Дмитрий Медведев смог убедиться, что всё необходимое действительно есть: электричество, горячая вода, телефон и даже Интернет. А ведь совсем недавно, рассказывали хозяева, всё было совсем не так.	Следующая остановка — поселок Канчалан. Несколько лет назад он был кардинально перестроен. Появилась структура, ориентированная на суровый климат, современное жильё. Дмитрий Медведев смог убедиться, что всё необходимое действительно есть. Электричество, горячая вода, телефон и даже Интернет. А ведь совсем недавно, рассказывали хозяева, всё было совсем не так.
Местная жительница: — Вот на фотографии старые дома... Это вот наш старый дом...	
Д. Медведев: — Выглядит более тоскливо, чем новый.	Дмитрий Медведев: «Хороший дом у вас, приятная атмосфера такая. Желаю вам, чтобы у вас всё было хорошо».
Корреспондент *(за кадром)*: — В Канчалане появилась больница с новейшим оборудованием. Доступна даже телемедицина. Теперь такие строят по всему округу. А Центр образования тоже отвечает самым современным требованиям. Электронные школьные доски, спортзал и компьютерные классы, тоже с Интернетом. Образовательная программа общероссийская, но с акцентом на местные традиции. В том, что их хранят, президент смог убедиться в анадырском музее «Наследие Чукотки». Дмитрий Медведев осмотрел все экспозиции, где были представлены уникальные работы художников и мастеров косторезного искусства Чукотки начала XX века. Ну а визитная карточка края — чукотско-эскимосский ансамбль «Эргерон». Основанный в 1968 году, сейчас он известен во многих странах.	В Канчалане появилась больница с новейшим оборудованием. Теперь такие строят по всему округу. Центр образования тоже отвечает самым современным требованиям. Электронные школьные доски, спортзал и компьютерные классы, тоже с Интернетом. Образовательная программа общероссийская, но с акцентом на местные традиции. В том, что их хранят, президент смог убедиться в анадырском музее. Дмитрий Медведев осмотрел все экспозиции, где были представлены уникальные работы художников и мастеров косторезного искусства Чукотки начала XX века. Визитная карточка края — чукотско-эскимосский ансамбль «Эргерон». Основанный в 1968 году...

3.3. ЕВРЕЙСКАЯ АВТОНОМНАЯ ОБЛАСТЬ: БИРОБИДЖАН

Источник:
«Россия»,
«Вести в субботу», 12.09.09
(00'42")

1. Прочитайте комментарий, необходимый для понимания видеосюжета.

◆ **Транссибирская железнодорожная магистраль (Транссиб)**, Великий Сибирский путь (историческое название), • Железная дорога через евразийский континент, соединяющая Москву и крупнейшие восточно-сибирские и дальневосточные промышленные города России. Длина магистрали — 9288,2 км, это самая длинная железная дорога в мире. В настоящее время Транссиб надёжно соединяет Европейскую часть России, Урал, Сибирь и Дальний Восток.

◆ **Амур** • Река на Дальнем Востоке. Протекает по территории России (53 % площади бассейна) и Китая.

СИНХРОННЫЙ ТЕКСТ
(«Еврейская автономная область: Биробиджан»)

Ведущий:

— И мы вновь отправимся на восток страны. На неделе юбилей эксперименту, который вошёл в историю как «российский Израиль на Амуре». 75 лет Еврейской автономной области.

Корреспондент *(за кадром)*:

— Классическая киносцена: прибытие поезда. Скорого поезда. Время прибытия — 7:40... Название города почему-то на идиш. Это что, в Израиле? Нет! Это российский Дальний Восток. И по Транссибу поезд пришёл в Биробиджан.

<...>

Так столица Еврейской автономной области празднует свой юбилей. А меньше века назад здесь были безлюдные болота. Но в этом местечке чудом построили «свой город золотой».

РАБОЧАЯ МАТРИЦА
к тесту («Еврейская автономная область: Биробиджан»)

Позиция	Правильный вариант ответа	
1	да	нет
2	да	нет
3	да	нет
4	да	нет
5	да	нет
6	да	нет

2. Посмотрите видеосюжет и выполните тест.

⊶ Отметьте в матрице, соответствуют ли данные высказывания содержанию текста (да/нет).

1. Программа «Вести в субботу» делает не первый сюжет о Дальнем Востоке.

2. Еврейская автономная область — это израильское государство на Амуре.

3. Поезд прибывает в город рано утром.

4. Название города написано на иврите.

5. Город начали строить не на пустом месте.

6. Факт создания Биробиджана не является удивительным.

3.4. РЕСПУБЛИКА САХА (ЯКУТИЯ)

Источник:
«Россия»,
«Вести в субботу», 12.09.09
(01'05")

СИНХРОННЫЙ ТЕКСТ
(«Республика Саха (Якутия)»)

Ведущий:

— Вот уже вторую неделю подряд «Вести в субботу» ищут истину на востоке России. Неделю назад мы побывали в Туве. На этот раз отправимся в Якутию.

1. **Прочитайте комментарий, чтобы понять видеосюжет.**

♦ **ЮНÉСКО — UNESCO** (**U**nited **N**ations **E**ducational, **S**cientific and **C**ultural **O**rganization — Организация Объединённых Наций по вопросам образования, науки и культуры) • Создана 16 ноября 1945 года, штаб-квартира располагается в Париже, во Франции. В настоящее время в организации насчитывается 192 государства-члена. В 1972 году ЮНЕСКО приняла Конвенцию об охране всемирного культурного и природного наследия, которая вступила в силу в 1975 году и к настоящему моменту ратифицирована 184 странами (СССР — в 1988 году).

♦ **Валдáй (Валдáйская возвы́шенность)** • См. раздел «Рельеф» данного курса.

♦ **Валдáйский клуб** — международный дискуссионный клуб «Валдай» • Периодическое собрание известных экспертов, специализирующихся на изучении внешней и внутренней политики России. Клуб был создан в сентябре 2004 года по инициативе информагентства «РИА Новости», Совета по внешней и оборонной политике (СВОП), газеты The Moscow Times, журналов «Россия в глобальной политике» и Russia Profile.

♦ **шамáн** • В ранних формах религии: человек, который умеет общаться с духами, воздействовать на силы природы, колдун; шаманы занимаются лечением болезней, вызывают дождь, разговаривают с умершими, гарантирует хорошую охоту и т. п. Считается, что во время ритуала душа шамана покидает тело и путешествует по другим мирам: поднимается на небо (верхний мир), спускается под землю (нижний мир).

Ведущий *(за кадром)*:

— Якутский шаман отгоняет злых духов от ведущих политологов. Политологам нравится. Такое диковинное единение всех слоёв мировой политологии произошло у подножия Ленских столбов — уникального памятника природы, который якуты очень хотят — и совершенно справедливо! — чтобы приобрёл статус объекта ЮНЕСКО. И куда по реке Лена политологи приплыли сразу на двух теплоходах.

На борту и шли заседания «Валдайского клуба», собирающегося каждый год в каком-нибудь для себя новом регионе России и созданного теперь уже 6 лет назад уникального дискуссионного форума. Его члены сначала обсуждают мировые проблемы между собой, а потом отправляются на встречу с высшим руководством России.

Но сначала в этом году — занимающая 1/5 всей России Республика Саха (Якутия), которая бывает и такой — зелёненькой, а бывает и совсем другой: здесь случается и минус 50, и даже минус 70.

А это уникальные фотографии местных оленеводов, сделанные молодым талантливым якутским фотомастером Евгенией Арбугаевой.

2. Выясните по двуязычному словарю значения следующих слов и выражений, запишите их перевод в таблицу.

Слова и словосочетания	Значение
истина: *искать истину*	
диковинный: *диковинное единение (мировой политологии)*	
подножие (под ногой), подножие гор: *подножие Ленских столбов*	

3. Посмотрите видеосюжет, а затем составьте свой тест по образцу теста к предыдущему видеосюжету. Ваш тест должен соответствовать следующей контрольной матрице.

КОНТРОЛЬНАЯ МАТРИЦА

к тесту («Республика Саха (Якутия)»)

Позиция	Правильный вариант ответа	
1		нет
2	да	
3		нет
4	да	
5		нет
6	да	

ТЕМЫ ДЛЯ ДИСКУССИИ

■ Нужно ли искусственно сохранять традиционные занятия коренных народов или лучше быстрее приобщать эти народы к цивилизации?

■ В Якутии находится самая холодная точка северного полушария — Оймякон.

http://ru.wikipedia.org/wiki/Оймякон

Климат, как вы, наверное, успели заметить, очень суровый. Может, не надо там людям жить? Как вы считаете?

3.5. РЕСПУБЛИКА ТЫВА (ТУВА)

Источник:
«Россия»,
«Вести в субботу», 05.09.09
(01'25")

1. Прочитайте комментарий, необходимый для понимания видеосюжета.

◆ **война́ с Герма́нией** • Великая Отечественная война Советского Союза с фашистской Германией 1941—1945 годов.

◆ **Ди́кий За́пад (англ. Wild West)** • Западная часть территории США, которая осваивалась новыми иммигрантами во второй половине XIX века; регион со своеобразным природным ландшафтом, который стал широко известен из кинопродукции Голливуда.

◆ **Шотла́ндия** • Наиболее автономная (обладающая собственным парламентом, правовой системой и государственной церковью и др.) из всех стран, составляющих Соединённое Королевство Великобритании и Северной Ирландии.

◆ **Каре́лия** • Регион в северо-восточной Европе, коренные жители — карелы (финно-угорский народ). Большая часть Карелии принадлежит России, а меньшая — Финляндии. В составе РФ — Республика Карелия. Столица — Петрозаводск.

◆ **каза́хи** • Этнос и нация, коренное население Казахстана.

◆ **кавале́рия** • Конница, род войск, в котором использовались лошади.

2. Выясните по двуязычному словарю значения следующих слов и выражений, запишите их перевод в таблицу.

Слова и словосочетания	Значение
заблуждаться, ⊠ заблуждение: *это заблуждение*	
принять/принимать (кого? за кого?): *нас принимали за казахов и за китайцев*	
(что?) движет (чем? кем?)	
воевать: *воевать в кавалерии*	
прерия	
марево	
шёпот, шептаться: *советские солдаты про нас шептались*	
низкорослый: *низкорослые азиаты*	
свирепый: *маленькая, но свирепая лошадка*	

3. В тексте прозвучит фразеологизм *держаться в седле*. Выясните его значение по словарю и скажите, в каком значении он употреблён в тексте.

4. Посмотрите видеосюжет с опорой на печатный текст. Обратите внимание на стиль ведущего. Какие разговорно-экспрессивные конструкции он использует? Фильм от этого становится лучше или хуже? В синхронном печатном тексте они пропущены. Впишите эти выражения в текст и опишите, в каких ситуациях вы могли бы их использовать.

СИНХРОННЫЙ ТЕКСТ
(«Республика Тыва (Тува)»)

Ведущий:

— Обещанный материал об удивительной стране, которая так и осталась в состоянии войны с Германией. (1) .... И где сегодня живёт уже последний солдат той армии. (2) .... и что ею двигало и движет — в нашем репортаже.

Ведущий *(за кадром)*:

— (3) .... , очень похоже на Дикий Запад. Прерии, марево... Но это (4) .... и вообще не запад. А восток! (5) .... отправляемся дальше через степь в местные суровые горы, при виде которых можно подумать: «..., Шотландия....... ...... (6), или Карелия...»

Но и это заблуждение. (7) .... север, а юг!

И вот там, ... (8), нас встречает наша героиня. В свои 84 года она продолжает прекрасно держаться в седле, (9) .... воевала в кавалерии! И она до сих пор смеётся, когда вспоминает, за кого же принимали её и её сослуживцев при появлении их в 43-м году на советско-германском фронте.

Бабушка-тувинка:

— Немцы при одном только появлении нас, низкорослых азиатов, на наших маленьких, но свирепых лошадках — бежали! А советские солдаты сначала думали, что мы казахи, но потом слышали, как, в отличие от частей Красной армии, у нас в эскадроне команды звучали не по-русски, а на нашем языке, и тогда про нас шептались: «Китайцы...»

Ведущий:

(10) ....
(11) ....

Это не скалистые горы и не какой-нибудь штат Аризона. Это Республика Тува. Ныне — российская, но на момент начала Второй мировой войны — независимая суверенная страна, которая в 41-м году ещё и Германии объявила войну. Из которой — так получается — так до сих пор и не вышла.

ТЕМА ДЛЯ ДИСКУССИИ

■ Как Туве выйти из войны с Германией? Подскажите!

3.6. КРАСНОЯРСКИЙ КРАЙ

Источник:
«Россия», «Вести»,
«Доброе утро, Россия!»,
06.11.07 (0'50")

1. Посмотрите по карте, какая крупная река протекает в Красноярском крае. Что вы скажете о Енисее, если знаете, что:

Енисей — 5075 км
Лена — 4400 км
Обь — 5410 км
Волга — 3530 км

2. Прочитайте комментарий, необходимый для понимания видеосюжета.

◆ **тайга́** • Самая большая природная зона России, хвойный лес (ель, сосна, пихта, лиственница, кедр); находится между тундрой на севере и лиственными лесами на юге.

◆ **го́рный хребе́т** • Группа, цепь высоких остроконечных гор.

◆ **сиби́рское здоро́вье** • Очень хорошее, крепкое здоровье.

◆ **казаки́** • Автономная этническая группа, жившая ранее по границам России и имевшая от государства дополнительные социальные права в обмен на обязательную профессиональную военную службу; включала в себя представителей разных народов, но в основном восточных славян; в настоящее время проживают на территории России, Украины, Казахстана, образуют отдельные части в Российской армии.

3. Познакомьтесь со словами и выражениями, которые прозвучат в видеосюжете.

Гоже — годное, пригодное для чего-либо: *место гоже.*
Красно — красивое: *место красно*; ср. *Красная площадь в Москве, красна девица.*
Поселение — место, где живут люди (село → поселиться → сесть): *основать первое поселение.*

СИНХРОННЫЙ ТЕКСТ
(«Красноярский край»)

Корреспондент:

— «Место гоже, высоко и красно», — сказали казаки, впервые увидев Енисей в XVII веке. Именно он и вдохновил их основать здесь первое поселение, которое стало началом Красноярского края.

Спустя столетия Красноярье сохраняет свою самобытность. Здесь по-прежнему живут люди с сибирской душой и сибирским здоровьем, а природа поражает воображение.

Этот край будто создан для путешественников-экстремалов, настоящих покорителей тайги, гор и рек.

Мы будем осваивать юг региона: взберёмся на Красноярские столбы, пройдём на яхте по самым красивым заливам, попробуем дойти до заснеженных вершин горного хребта Ергаки.

Самобытность, самобытный — оригинальный; не похожий на других, со своим самостоятельным бытом: *Красноярье сохраняет свою самобытность.*

Поражать/поразить (кого? чем?) — сильно удивлять: *природа поражает воображение.*

Осваивать/освоить (что?) — овладеть чем-либо, научиться пользоваться как своим, зд. путешествуя, узнавать новые места: *мы будем осваивать юг региона.*

Покорять/покорить (кого? что?), **покоритель** — зд. тот, кто сумел пройти по трудным местам, победить их: *настоящие покорители тайги.*

Взбираться/взобраться (куда? на что?) — движение вверх, как правило, с трудностями.

Столб — зд. гора, имеющая вертикальную форму.

Экстремал — тот, кто любит опасность: *путешественники-экстремалы.*

4. Посмотрите видеосюжет и письменно ответьте на вопросы.

1. В каком веке на Енисее образовалось первое поселение?

2. Что сказали казаки, увидев Енисей?

3. Чем отличаются люди, живущие в Сибири (сибиряки), от всех других?

4. Кому сегодня особенно интересен Красноярский край? Почему?

5. Какие места собираются освоить путешественники в данном случае? Не захотелось ли вам присоединиться к ним?

3.7. ЧЕЧЕНСКАЯ РЕСПУБЛИКА

Источник:
НТВ, «Сегодня», 17.10.08
(00'38")

1. Прочитайте комментарий, необходимый для понимания видеосюжета.

◆ **Гро́зный** • Столица Чеченской Республики.

◆ **Мече́ть** • Мусульманский храм.

◆ **Ахма́т Кады́ров** (23 августа 1951 года, Караганда, — 9 мая 2004 года, Грозный) • Чеченский религиозный и государственный деятель. Первый президент Чеченской Республики. Погиб в результате покушения со стороны сепаратистов.

◆ **Росси́йский исла́мский университе́т** • Открылся в столице Чечни Грозном. Среди преподавателей — специалисты, получившие религиозное образование в исламских вузах России, Египта, ОАЭ, Сирии, Малайзии. Предметами обучения являются исламские науки, Коран и арабский язык, а также светские науки: основы права, психология, педагогика, русский и чеченский языки, мировая история. Срок обучения в университете — 5 лет. После его окончания выпускник получит специальность «имам-хатыб» — преподаватель арабского языка и шариатских наук — и диплом о высшем профессиональном образовании.

СИНХРОННЫЙ ТЕКСТ
(«Чеченская Республика»)

Ведущий *(за кадром)*:

— ...Открылась новая мечеть. Её масштабы и отделка поистине грандиозны. Молельный дом сможет вмещать до 10 000 мусульман. В росписи использовано настоящее золото.

На площади перед мечетью сегодня собралось несколько тысяч человек. Заняты даже все прилегающие улицы. Это несмотря на то, что с утра в Грозном идёт проливной дождь.

Те, кому не удалось попасть на торжественную церемонию, могут наблюдать её в эфире республиканского телевидения в режиме реального времени. Из мечети организована прямая трансляция.

Новая мечеть получила имя первого президента республики Ахмата Кадырова, но в народе её уже назвали «Сердцем Чечни». Дело в том, что в комплекс входят также Российский исламский университет, общежитие для студентов и Исламская библиотека.

2. Выясните по двуязычному словарю значения следующих слов и выражений, запишите их перевод в таблицу.

Слова и словосочетания	Значение
поистине	
масштаб	
отделывать/отделать (что?), ⊠ отделка (чего?)	
грандиозный: *масштабы и отделка поистине грандиозны*	
роспись	
прилегать, ⊠ прилегающий: *прилегающие улицы*	
торжественный: *торжественная церемония*	

3. Прочитайте вслух цепочки слов. Последнее звено каждой цепочки повторите, не смотрите в текст.

Золото → настоящее золото → использовано настоящее золото → в росписи использовано настоящее золото.

Несколько тысяч человек → собралось несколько тысяч человек → на площади собралось несколько тысяч человек → на площади перед мечетью собралось несколько тысяч человек → на площади перед мечетью сегодня собралось несколько тысяч человек.

Дождь → проливной дождь → идёт проливной дождь → в Грозном идёт проливной дождь → с утра в Грозном идёт проливной дождь.

Церемония → торжественная церемония → попасть на торжественную церемонию → удалось попасть на торжественную церемонию → не удалось попасть на торжественную церемонию.

Телевидение → республиканское телевидение → эфир республиканского телевидения → наблюдать в эфире республиканского телевидения → наблюдать церемонию в эфире республиканского телевидения → наблюдать церемонию в эфире республиканского телевидения в режиме реального времени.

Новая мечеть → новая мечеть получила имя → новая мечеть получила имя первого президента → новая мечеть получила имя первого президента республики → новая мечеть получила имя первого президента республики Ахмата Кадырова.

4. Посмотрите видеосюжет и приготовьтесь к выполнению теста.

5. Заполните пропуски. Проверьте себя по записи синхронного текста.

СИНХРОННЫЙ ТЕКСТ
(«Чеченская Республика»)

Ведущий *(за кадром)*:
— ...Открылась новая мечеть. Её .... и отделка поистине грандиозны. Молельный дом сможет вмещать до 10 000 мусульман. В росписи использовано настоящее ....

На площади перед мечетью сегодня .... несколько тысяч человек. Заняты даже все .... улицы. Это несмотря на то, что с утра в Грозном идёт проливной дождь.

Те, кому не удалось попасть на торжественную церемонию, могут .... её в эфире республиканского телевидения в режиме .... времени. Из мечети организована .... трансляция.

Новая мечеть .... имя первого президента республики Ахмата Кадырова, но в народе её уже назвали «Сердцем Чечни». .... , что в комплекс входят также Российский исламский университет, общежитие для студентов и Исламская библиотека.

Пози-ция	Правильный вариант ответа		
1	а	б	в
2	а	б	в
3	а	б	в
4	а	б	в
5	а	б	в
6	а	б	в

6. Тест. Закончите предложения в соответствии с содержанием текста, отметьте в матрице нужный ответ.

1. В новой мечети одновременно может молиться … .
   а) 10 000 мусульман
   б) 20 000 мусульман
   в) 9000 мусульман

2. Народ назвал новую мечеть … .
   а) «Сердце Чечни»
   б) «Душа Чечни»
   в) «Голос Чечни»

3. Новая мечеть не включает … .
   а) музей
   б) библиотеку
   в) университет

4. На улице в день открытия мечети собрались … .
   а) сотни людей
   б) тысячи людей
   в) десятки тысяч людей

5. Информационно-техническую поддержку событие получило со стороны … .
   а) телевидения
   б) радио
   в) Интернета

6. На церемонию в мечеть попали … .
   а) не все желающие
   б) все желающие
   в) все приглашённые

3.8. КАБАРДИНО-БАЛКАРСКАЯ РЕСПУБЛИКА

Источник:
«Россия», «Вести», «Доброе утро, Россия», 09.06.08 (02'01")

СИНХРОННЫЙ ТЕКСТ
(«Кабардино-Балкарская Республика»)

Корреспондент:

— Горы! Горы! Повсюду горы! Вот такая она, Кабардино-Балкария! На Кавказе 7 пятитысячников, т. е вершин выше 5 тысяч метров. И практически все они находятся именно в этой республике. Вообще, горы занимают здесь большую часть территории. И наше путешествие обещает быть очень интересным...

Одно из самых красивых мест этой горной республики — Чегемское ущелье. В переводе на русский язык «чегем» значит «земля сломалась». И попадая в это ущелье, сразу понимаешь, насколько точно подобрано название. Горные разломы уходят высоко вверх и плачут многочисленными водо-

1. Скажите, как образованы слова *водопад, падун*. Найдите общую часть в этих словах. Какое значение имеют эти слова? Сравните структуру слова из родного языка, которое имеет такое же значение, с русским. Есть ли что-либо общее?

2. Прочитайте справку.

◆ **Эльбру́с** • Самая высокая гора Кавказа, западная вершина (высота 5642 м) и восточная (5621 м). Приэльбрусье — один из центров горнолыжного спорта.

3. С какими регионами и государствами граничит Кабардино-Балкария? См. карту на стр. 9.

падами. Раньше эти паду-
ны были более полноводны-
ми. Увы, после строитель-
ства дороги и взрывных работ местные водопады «по-
худели», но стали не менее
эффектными.

Но вообще, такого ко-
личества водопадов, как в
Кабардино-Балкарии, нет
больше нигде. Их в Чегем-
ском ущелье больше десяти.
Вот эти водопады называются Большими. Чтобы посмо-
треть на них, сюда приезжают люди со всей страны. Но
имейте в виду, в любое время года здесь влажно и прохладно. Надо одеваться по-
теплее.

Если у вас всё-таки хвати-
ло сил и вы забрались на самый верх, будете вознаграж-
дены. С эльбрусских вер-
шин видно ну очень много!
Вот за моей спиной уже Гру-
зия. Вон там — Карачаево-
Черкессия, а за самим Эль-
брусом — Ставрополье.

КЛЮЧ (упр. 6):

1. б) сломалась +

2. в) строительство дороги —

3. в) влажно и прохладно +

4. Выясните по двуязычному словарю значения следующих слов и выражений, запишите их перевод в
таблицу.

Слова и словосочетания	Значение
ущелье: *Чегемское ущелье*	
подбирать/подобрать (что?), ⊠ подобранный: *название подобрано точно*	
худеть/похудеть: *местные водопады похудели*	
вознаграждать/вознагра-дить (кого? чем? за что?), ⊠ вознаграждённый, ср. наградить: *вы будете вознаграждены*	
разламывать/разломить (что?), ср. ломать/сломать, ⊠ разлом (чего?): *разломы уходят высоко вверх*	

5. Посмотрите видеосюжет. По ходу просмотра обратите внимание на слова, которые описывают рельеф
Кабардино-Балкарии. Запишите эти слова. Какое из
них повторяется чаще других и участвует в формиро-
вании пейзажа в тексте?

6. Посмотрите видеосюжет ещё раз и создайте свой
тест: допишите вместо точек необходимые фрагменты в незаконченный тест.

1. «Чегем» по-русски значит «земля ... ».
   а) упала
   б) ...
   в) ушла

2. Причиной «похудания» водопадов не является ... .
   а) большое количество путешественников
   б) взрывные работы
   в) ...

3. В Чегемском ущелье всегда ... .
   а) влажно и тепло
   б) прохладно и сухо
   в) ...

3.9. РЕСПУБЛИКА КОМИ

Источник:
«Россия», «Вести», «Доброе утро, Россия»,
09.06.08 (01'42")

1. Познакомьтесь с некоторыми словами и выражениями, которые вы услышите в тексте.

♦ **искáть тúтьку** *(прост.)* • Просить молока у своей мамы, чтобы поесть, пососать его; **титька** = сосок.

♦ **сохáтый** • Лось.

♦ **заповéдник** • Территория, на которой сохраняется весь природный комплекс; обычно места, типичные для данной географической зоны, или места, где живут особо редкие виды животных, птиц и т. п.

2. Посмотрите видеосюжет с опорой на печатный текст, в котором пропущены некоторые слова. Допишите их. При необходимости воспользуйтесь словарём. ⌐

СИНХРОННЫЙ ТЕКСТ
(«Республика Коми»)

Корреспондент:

— Подбирайте одежду соответствующую, (1) .... И ещё обувь — обязательно удобную. Просто вся земля на плато в камнях и мху. И (2) .... ногу — легче простого.

Столбы выветривания находятся на территории Печоро-Илычского (3) .... И если вы уже забрались так далеко, то обязательно побывайте и на местной (4) .... Впечатлений потом хватит надолго.

Сегодня на лосеферме в поселке Якша самый настоящий праздник. После долгой жары наконец-то пошёл сильный дождь, и местные (5) ...., лоси, радуются жизни: отдыхают от слепней и комаров и принимают ванну.

Знакомьтесь, это самая юная (6) .... лосефермы — Виктория! Малышке всего (7) .... месяца. На обед у неё сегодня осиновые и рябиновые ветки, хотя жуёт она всё, что видит перед собой.

— А вот смотри, какая штучка! Смотри, какая штучка!.. курточка у меня вкусная, да... Ой, сейчас меня укусишь!..

Голоса:

— ...Нет, она... это... Зубов нет... Ищет... это... Титьку ищет!

Корреспондент:

— Титьку ищет! Ой! Больно!

Малыши едят мало, а вот каждому из взрослых лосей в сутки (8) .... аж 16 килограммов веток. Также в рационе у сохатых картошка, хлеб, соль и комбикорм. Своих (9) .... работники лосефермы зовут по именам. Гостям вроде нас запомнить их все сразу — сложновато.

ДЛЯ ТЕХ, КТО ХОЧЕТ ЗНАТЬ БОЛЬШЕ

Познакомьтесь с некоторыми российскими природными достопримечательностями по адресу:

http://www.ecosystema.ru/07referats/zap/

Выберите какой-нибудь один заповедник из списка. «Погуляйте» по нему! А потом на уроке расскажите, что вы видели.

ТЕМА ДЛЯ ДИСКУССИИ

■ Зачем нужны заповедники?

3.10. РЕСПУБЛИКА ТАТАРСТАН

Источник:
«Россия», «Вести в субботу», 17.10.09 (3'34")

СИНХРОННЫЙ ТЕКСТ
(«Республика Татарстан»)

Ведущий:

— Мы отправимся в Казань. Отправимся вслед за двумя дамами, хорошо известной зрителям ежедневных «Вестей» Фаридой Курбангалеевой, нашей ведущей и уроженкой Казани, и Хиллари Клинтон, которая поехала в столицу Татарстана, чтобы... удивиться! Обычно, и особенно при прежней администрации, американцы считали, что они про всё знают лучше всех.

Так вот, из путевых заметок нашей Фариды выясняется, что, хотя США уже не первый год воюют в мусульманских Ираке и Афганистане, их знания о том, как исламский мир устроен и как он может быть составной частью современ-

1. Основное (титульное) население Татарстана — мусульмане. В каких ещё субъектах Федерации большинство жителей — мусульмане?

2. Прочитайте комментарий, необходимый для понимания видеосюжета.

◆ **хлеб-соль** • При встрече почётных гостей по русской традиции им преподносят хлеб и соль в знак уважения и дружбы.

◆ **чак-чак** • Восточные сладости: кусочки теста в меду.

◆ **по приезде** • После приезда.

◆ **мечеть Кул Шариф** (тат. Колшәриф мәчете, Qolşərif məçete) • Главный мусульманский храм Казани и Республики Татарстан. Открытие храма состоялось 24 июня 2005 года, к 1000-летнему юбилею Казани.

◆ **никах** • Свадебный мусульманский обряд.

◆ **Мекка** • Священный город мусульман на западе Саудовской Аравии, около 100 км от Красного моря. В центре Мекки находится мечеть Аль-Харам.

◆ **азан** • Призыв к молитве у мусульман, читается по-арабски.

◆ **Казанская икона Божией Матери** • Чудотворная икона Богородицы, явившаяся в Казани в 1579 году. Одна из самых чтимых икон в Русской православной церкви, покровительница русской царской династии Романовых.

◆ **указ** • Нормативный или индивидуальный акт, обычно издаваемый главой государства (президентом или монархом).

◆ **речёвка** • Короткий, энергичный, часто рифмованный текст, который произносится громко хором (в детских лагерях отдыха во время игры, болельщиками во время соревнований, сторонниками политика на митинге и т. п.).

◆ **калька** *(лингв.)* • Слово, копирующее иностранное по строению или значению.

ного общества, весьма приблизительны.

Ф. Курбангалеева:

— Как это бывает и с чем это едят, Хиллари Клинтон узнала по прилёте. В аэропорту ей подносят привычный хлеб-соль и удивительное национальное блюдо чак-чак. Далее — за пищей духовной. Гостью ведут в главную мечеть республики — Кул Шариф. В модельном зале читают никах. Переводчики объясняют: это обряд венчания. Клинтон поначалу немного растеряна, но быстро находится.

Х. Клинтон *(перевод)*:

— Мои поздравления!

Ф. Курбангалеева:

— Далее — небольшая экскурсия. Госсекретарю объясняют: люстры — чешские, ковры — иранские, роспись — национальная, местных мастеров. Ориентация на Мекку вычислена с точностью до сотой доли секунды.

Х. Клинтон *(перевод)*:

— А сколько её строили?

Ф. Курбангалеева:

— Америка тоже не осталась в стороне. Правда, гостья об этом не догадывалась.

Рамиль Хазрат Юнусов, имам мечети Кул Шариф:

— Она даже была очень удивлена, что даже 10 граждан Соединённых Штатов Америки участвовали в строительстве мечети. У нас вот в книге записаны их фамилии, адреса.

3. Выясните по двуязычному словарю значения следующих слов и выражений, запишите их перевод в таблицу.

Слова и словосочетания	Значение
уроженка (ср. уродиться): *уроженка Казани*	
приблизительный	
растеряться ≠ (быстро) найтись: *Клинтон поначалу немного растеряна, но быстро находится* ⊠ находчивый	
реставрация	
венчание	
обряд: *обряд венчания*	
догадываться/догадаться (о чём?)	
оглашать/огласить (что? чем?): *территорию оглашают звуки*	
колокол, ⊠ колокольный: *колокольный звон*	

Ф. Курбангалеева:

— В двухстах метрах от Кул Шариф — Благовещенский собор, его купола отсюда как на ладони. Казанский Кремль — это яркий пример того, как две религии в буквальном смысле спелись: по пятницам его территорию оглашают звуки азана, по воскресеньям — колокольный звон.

Собор возвели в XVI веке. После революции он превратился в архив. Указ о его реставрации был отдан в один день с указом о строительстве мечети.

Специально к визиту госсекретаря сюда доставили икону Казанской Божией Матери. Она долго была эмигранткой, в том числе — и в Америке. За её возвращением на родину из Ватикана 4 года назад следил весь христианский мир, но американский, видимо, не так пристально.

Х. Клинтон *(перевод)*:

— А какого она века?

Ф. Курбангалеева:

— В разговоре с президентом республики она не скрывает: впечатлена. Настолько, что готова брать мастер-классы.

Х. Клинтон *(перевод)*:

— Я много езжу по миру по поручениям президента Обамы. И я буду звонить вам, мистер президент, потому что вы можете своим советом многое дать не только для России и Татарстана, но

4. Запомните следующие выражения, которые вы услышите в видеосюжете.

Духовная пища — так обычно говорят, когда имеют в виду культурные ценности, произведения искусства, всё то, что питает душу: *Далее — за пищей духовной. Гостью ведут в главную мечеть республики...*

Пища для размышлений — тема, над которой можно и нужно думать: *У госсекретаря теперь масса пищи для размышлений.*

Как на ладони — обычно о том, что очень хорошо видно: *Купола отсюда как на ладони.*

В буквальном смысле спелись — зд. органично и красиво сосуществуют: *Две религии в буквальном смысле спелись.*

Не оставаться/остаться в стороне — участвовать в чём-либо: *Америка тоже не осталась в стороне.*

5. Посмотрите видеосюжет. По ходу просмотра отметьте цифрами пункты содержания текста в порядке их появления.

№	Пункты содержания
	Экскурсия по Кул Шарифу.
	Американские комплименты татарскому президенту.
	В Казань! Вслед за двумя дамами!
	Сначала — татары, а через шесть лет — американцы.
	Взгляд в будущее: обмен студентами.
	Две религии — как две сестры.
	Татарские национальные обычаи.
	Возвращение «эмигрантки».

и вообще всем людям, которые хотят жить в мире.

Ф. Курбангалеева:

— Возникла в беседе ещё одна тема, о которой даже в России не все догадываются. Дело в том, что речёвку предвыборной кампании Барака Обамы Yes, we can! в Казани считают не более чем калькой, переводом лозунга, который Татарстан выдвинул ещё шесть лет назад: «Без булдырабыз!», т. е. «Мы можем!», «У нас это получится!».

Минтимер Шаймиев, президент Республики Татарстан:

— Она говорит: «У нас же это тоже очень сейчас распространено, такой лозунг и призыв». Она и пошутила. Она говорит: «Когда это у вас появилось?» Я говорю: «Лет шесть назад». «Ну, значит, оказывается, мы это у вас взяли».

Ф. Курбангалеева:

— А у Хиллари Клинтон дальше был Казанский университет, один из старейших в России. Самый знаменитый его студент — Владимир Ульянов. Перед входом в главное здание — единственный в России памятник не вождю мирового пролетариата, а Ленину-студенту.

С молодыми преподавателями Клинтон говорит о программах по обмену учащимися. Хорошо бы их развивать. Впрочем, кому у кого ещё надо поучиться — во-

6. Посмотрите видеосюжет ещё раз и выполните тест.

А) Отметьте в матрице, соответствуют ли содержанию текста следующие высказывания (да/нет).

1. В Казань поехал случайный корреспондент.

2. По мнению С. Брилёва, новая американская администрация не отличается от старой.

3. С. Брилёв знает пример гармонии ислама и современного мира.

4. Х. Клинтон была хорошо подготовлена к посещению мечети.

5. Не весь христианский мир одинаково горячо интересовался судьбой иконы Казанской Божией Матери.

6. На Х. Клинтон посещение Казани произвело сильное впечатление.

Б) Закончите предложения в соответствии с содержанием текста, отметьте в матрице нужный ответ.

7. Х. Клинтон в аэропорте Казани угостили ... .
   а) хлебом-солью и особым восточным десертом
   б) хлебом-солью и русской водкой
   в) татарским пирогом и хлебом-солью

8. В мечети Х. Клинтон попала на ... .
   а) ежедневную службу
   б) торжественный обряд
   в) мусульманский праздник

9. В строительстве мусульманского храма не принимала участия ... .
   а) Украина
   б) Чехия
   в) Америка

10. Колокола в Казанском Кремле звучат по ... .
   а) субботам
   б) воскресеньям
   в) субботам и воскресеньям

11. Мечеть Кул Шариф ... .
   а) старше Благовещенского собора
   б) младше Благовещенского собора
   в) такого же возраста, как Благовещенский собор

прос. У госсекретаря теперь масса пищи для размышлений.

Фарида Курбангалеева, Игорь Романов. «Вести в субботу». Казань.

РАБОЧАЯ МАТРИЦА

к тесту («Республика Татарстан»)

Зада-ние	По-зи-ция	Правильный вариант ответа	
1	1	да	нет
	2	да	нет
	3	да	нет
	4	да	нет
	5	да	нет
	6	да	нет
2	7	а б	в
	8	а б	в
	9	а б	в
	10	а б	в
	11	а б	в
	12	а б	в
3	13		
	14		
	15		
	16		
	17		
	18		

12. Икона Казанской Божией Матери вернулась в Россию ... .

а) во время перестройки

б) год назад

в) несколько лет назад

В) Закончите высказывания.

13. Госсекретарь США готова брать у президента Татарстана ... .

14. Речёвку Б. Обамы в Казани считают не более чем ... .

15. Перед входом в главное здание Казанского университета стоит памятник не вождю мирового пролетариата, а ... .

16. С молодыми преподавателями госсекретарь говорит о программах по ... .

17. У Х. Клинтон теперь масса пищи для ... .

18. Икону Казанской Божией Матери привезли в Казань специально к ... .

КЛЮЧ (упр. 5):

№	Пункты содержания
3	Экскурсия по Кул Шарифу.
6	Американские комплименты татарскому президенту.
1	В Казань! Вслед за двумя дамами!
7	Сначала — татары, а через шесть лет — американцы.
8	Взгляд в будущее: обмен студентами.
4	Две религии — как две сестры.
2	Татарские национальные обычаи.
5	Возвращение «эмигрантки».

3.11. ЛЕНИНГРАДСКАЯ ОБЛАСТЬ

Источник:
ЛОТ, 26.11.06 (02'30")

1. Прочитайте комментарий, необходимый для понимания видеосюжета.

◆ **Ста́рая Ла́дога** • Маленький город в Ленинградской области, первая столица Древней Руси.

◆ **путь «из варя́г в гре́ки»** • Торговый путь от Финского залива до Чёрного моря (варяги — скандинавские народы).

◆ **запове́дник** • См. комментарий к тексту 3.9. «Республика Коми».

◆ **Кра́сная кни́га** • Документ, в котором перечислены виды животных и растений, которые нельзя уничтожать.

◆ **фло́ра** • Растительный мир.

◆ **фа́уна** • Животный мир.

◆ **Фра́нция** • Страна в Западной Европе (столица — Париж).

◆ **Финля́ндия** • Страна на Скандинавском полуострове (столица — Хельсинки).

◆ **Герма́ния** • Страна в Западной Европе (столица — Берлин).

◆ **А́встрия** • Страна в Западной Европе (столица — Вена).

◆ **Ленингра́дская о́бласть** • Субъект Федерации (Санкт-Петербург в него не входит!), своё название получила от предыдущего названия Петербурга — Ленинград.

СИНХРОННЫЙ ТЕКСТ
(«Ленинградская область»)

Диктор *(за кадром)*:

— В Ленинградской области слишком много интересного. Самые разные цивилизации мира так или иначе нашли здесь своё отражение. Бесконечные пласты истории приоткрывают нам раскопки, которые ведутся на земле Ленинградской области. А Старая Ладога, через которую когда-то пролегал путь «из варяг в греки», считалась нашими предками городом мира, так как здесь могли уживаться и договариваться народы Востока и Запада. Они с успехом заключали в Старой Ладоге и торговые сделки, и дипломатические соглашения.

Земля Ленинградской области помнит владычество разных, не похожих друг на друга, правителей — их созидательную политику и разрушающие агрессивные эскапады. Помнит героизм и патриотизм освободительных движений и сражений. Чувствует она и своеобразие дня сегодняшнего.

Бережное отношение к истории — это ведь не только почтение к прошлому. Это почва для будущего, если мы, конечно, хотим, чтобы оно было наполнено и смыслом, и значимостью.

Пусть отдельные места в Ленинградской области называют то Швейцарией, то

2. **Познакомьтесь с толкованием некоторых слов, которые вы услышите при просмотре видеосюжета.**

Пласт — зд. период времени: *пласты истории.*

Раскопки — работы по вскрытию верхних слоёв земли с целью найти предметы предшествующих эпох.

Торговая сделка — двусторонний договор о купле-продаже.

Дипломатическое соглашение — документ о достижении договорённости между двумя или более странами.

Владычество — от *владеть*, господство.

Созидательная политика — система действий, направленных на создание чего-либо.

Эскапада — выпад/нападение, странный, экстравагантный поступок.

Своеобразие — особенность.

Почтение (к кому? к чему?) — особое уважение.

Самобытный, неповторимый — непохожий на другие.

Многоликий — много + лицо/лик, разнообразный.

Раздолье — широкое свободное пространство.

Ландшафт — общий вид местности: *ландшафтное чудо.*

Вплетаться/вплестись (во что?) — зд. гармонично вписаться: *причудливо вплетаться в ландшафт.*

Песчаник — горная порода из песка.

Почва — верхний слой земли.

Пещера — находящееся под землёй или в горе пустое пространство с выходом наружу.

Болото — почва с большим содержанием воды.

Немыслимый — то, что трудно представить: *немыслимая, нездешняя красота.*

Вдохновлять/вдохновить (кого? на что?) — воодушевлять, придавать творческие силы: *вдохновлять людей на подвиги.*

Впитывать/впитать (что?) — вбирать в себя: *Впитать невероятную живительную силу.*

Финляндией. Кому-то они напоминают уголки Франции, Германии и даже Австрии. Но попытки сравнить Ленинградскую область с известными местами в той же Европе практически бессмысленны, поскольку Ленинградская область самобытна, неповторима и чрезвычайно многолика. В раздолье её лугов и полей, богатых лесов и удивительных заповедников причудливо вплетаются живописные озёра и полноводные реки. И чуть ли не каждое из этих ландшафтных чудес является в прямом смысле слова чудом, занесённым в Красную книгу.

Самая чистая река в мире, самые удивительные песчаники, редчайшие почвы, пещеры и даже болота, потрясающий состав флоры и фауны — всё находится здесь, в Ленинградской области.

Именно эта красота, немыслимая, и нездешняя, и такая родная, издавна вдохновляла и продолжает вдохновлять на творческие и гражданские подвиги, даёт пищу для размышлений, материал для исследований.

Здесь жили и творили величайшие умы человечества: учёные и поэты, музыканты и художники. Они впитали невероятную живительную силу любимой земли и своими выдающимися делами, свершениями, произведениями искусств прославили её на весь мир.

3. Посмотрите видеосюжет. После просмотра письменно ответьте на вопросы.

1. Где находится Ленинградская область?
2. Чем она особенно интересна?
3. О каком старинном городе идёт речь в тексте? Какова его историческая роль?
4. Что говорится в тексте о природе Ленинградской области? С какими странами её сравнивают? Почему? Возможно ли такое сравнение?
5. Какую роль природа Ленинградской области играла и продолжает играть в русской культуре?

НАСЕЛЕНИЕ

4

4.1. КАЖДЫЙ ПЯТИДЕСЯТЫЙ

Источник:
«Россия», «Вести-24»,
29.05.09,
видеограмма по данным
Росстата (00'47")

1. Посмотрите видеограмму и проанализируйте её. Следующие упражнения помогут вам при анализе.

2. Трансформируйте графическое изображение в текст, используя таблицу.

В 1999 г. В 2008 г.	население планеты/ Земли; количество жителей Земли/землян	выросло на + В. п.; увеличилось с + Р. п. до + Р. п.; насчитывало составляло }+ В. п. составило

3. Заполните пропуски.

А. Самые населённые страны в мире (на планете): Китай — .... человек, Индия — .... и т. д.

Б. Каждый пятый на Земле — китаец, каждый шестой — .... , каждый .... — россиянин.

4. Напишите процентные данные.

Население России по отношению к населению Земли в 1897 году составляло/составило (+ В. п) .... процентов (равнялось (+ Д. п.) .... процентам), а в 2009 году — .... , т. е. примерно за столетие (век, 100 лет) уменьшилось (снизилось, сократилось, упало) на .... процента.

5. Обратите внимание на исторические события (потрясения, катаклизмы), которые сильно (серьёзно) повлияли (оказали сильное/серьёзное влияние) на динамику численности населения России. Составьте предложения по таблице. Обратите внимание на необходимость изменения порядка слов в зависимости от передаваемой информации: когда происходит событие *(Подъём отмечается начиная с ... года)* — что происходит в данный период *(Начиная с ... года отмечается подъём).*

мощный заметный отчётливый явный некоторый устойчивый	демографический спад рост подъём	наблюдается отмечается фиксируется	в период во время + Р. п. начиная с + Тв. п.	Гражданская война (1918—1920 гг.) Великая Отечественная война (1941—1945 гг.) Октябрьская революция (1917 г.) социальные перемены, перестройка (90-е гг. XX в.)

ТЕМЫ ДЛЯ ДИСКУССИИ

■ Как вы оцениваете демографическую ситуацию в Российской Федерации?

■ Сопоставьте её с ситуацией в вашей стране.

4.2. ИТОГИ ПЕРЕПИСИ НАСЕЛЕНИЯ — 2002

Источник:
«Россия», «Вести-Петербург», (01'49")

СИНХРОННЫЙ ТЕКСТ
(«Итоги переписи населения — 2002»)

Ведущий *(за кадром)*:

— Что касается цифр: по словам главы Госкомстата[1], в России живёт 145 миллионов 200 тысяч человек. И таким образом, по численности населения наша страна занимает седьмое место в мире.

Всего на территории России живут представители более 160 национальностей. Самые многочисленные — русские: более 80 % населения. На втором месте — татары, на третьем — украинцы. При этом более 2 миллионов человек не имеют российского гражданства.

И ещё несколько любопытных фактов, которые выявила также перепись населения. Например, пятая часть всех россиян проживает в таких мегаполисах, как Москва

1. Выясните по двуязычному словарю значения следующих слов и выражений, запишите их перевод в таблицу.

Слова и словосочетания	Значение
перепись — см. переписать	
любопытный факт	
зрелый возраст	
супружеская пара	
обозначилась тенденция к сокращению	
вне брака	
мегаполис	
выявлять/выявить (что?)	

2. Прослушайте текст и письменно ответьте на вопросы.

1. Какая организация занимается статистикой?

2. Какая информация этой организации представлена в сюжете?

3. Какой страной с точки зрения этнического состава является РФ?

4. Какие любопытные факты отмечаются в сюжете? Как называются крупные города с большим количеством населения?

5. Можно ли определить отношение россиян к браку по данным переписи? Если да, то какое оно?

6. «Стареет» или «молодеет» Россия, по данным переписи? К каким результатам может привести сложившаяся тенденция?

Примечание: следует иметь в виду, что в тексте приводятся данные 2002 года, за прошедшие 8 лет некоторые цифры сильно изменились, о чём вы уже узнали из предыдущего текста (4.1).
[1] Госкомстат — ведущий использует старое название современного Росстата.

(10 миллионов 400 тысяч человек) и Санкт-Петербург (4 миллиона 700 тысяч.

Молодые люди в нашей стране стали жениться в более зрелом возрасте, и сейчас число супружеских пар — 34 миллиона. При этом около трети детей в России рождается вне брака.

Вообще же, за последние 13 лет обозначилась тенденция к сокращению детского населения страны и молодёжи. Сегодня тех, кому ещё нет 30 лет, немногим более 26 миллионов человек. Это 18 % от общего числа россиян. Ну а средний возраст населения приближается к 40 годам.

3. Прослушайте текст ещё раз и выполните тест.

А) Отметьте в матрице, соответствуют ли содержанию текста следующие высказывания (да/нет).

1. В мегаполисах проживает пятая часть населения РФ.
2. Российские женихи и невесты такого же возраста, как и раньше.
3. 2/3 детей в России рождаются в браке.
4. Население России стареет.
5. Тенденция к сокращению детского населения существует с середины XX века.
6. Русских в России около 90 %.

Б) Закончите предложения в соответствии с содержанием текста. Нужные ответы отметьте в матрице.

7. Информацию о численности населения даёт ... .
   а) Президент РФ
   б) глава Госкомстата
   в) глава Правительства РФ

8. На сегодняшний день в России живёт ... .
   а) 145 миллионов 200 тысяч человек
   б) 147 миллионов 200 тысяч человек
   в) 145 миллионов 400 тысяч человек

9. По численности населения Россия занимает в мире ... .
   а) 5-е место
   б) 7-е место
   в) 9-е место

10. Всего на территории России живут представители более ... .
   а) 160 национальностей
   б) 150 национальностей
   в) 180 национальностей

11. Второе место по численности в России занимают ... .
   а) украинцы
   б) белорусы
   в) татары

12. Среди проживающих на территории России ... .
   а) все имеют российское гражданство
   б) 3,5 миллиона не имеют российского гражданства
   в) менее 3 миллионов не имеют российского гражданства

РАБОЧАЯ МАТРИЦА
к тесту («Итоги переписи населения — 2002»)

Зада-ние	По-зи-ция	Правильный вариант ответа		
1	1	да	нет	
	2	да	нет	
	3	да	нет	
	4	да	нет	
	5	да	нет	
	6	да	нет	
2	7	а	б	в
	8	а	б	в
	9	а	б	в
	10	а	б	в
	11	а	б	в
	12	а	б	в
3	13			
	14			
	15			
	16			
	17			
	18			

В) Закончите высказывания. Нужные ответы отметьте в матрице.

13. На третьем месте по численности населения — ... .

14. На территории России живут представители более ... .

15. Молодые люди в России стали жениться в ... .

16. Сегодня тех россиян, кому ещё нет 30 лет, чуть больше ... .

17. Средний возраст населения России приближается к ... .

18. За последние 13 лет обозначилась тенденция к сокращению ... .

4.3. ЧИСЛЕННОСТЬ И ВОЗРАСТ НАСЕЛЕНИЯ

Численность и возрастной состав населения России (прогноз)

Возраст, лет	Количество человек, тыс.		Доля в населении, %	
	1992 г.	2017 г.	1992 г.	2017 г.
0—19	43 945	33 286	29,6	23,2
20—39	45 553	41 946	30,7	29,2
40—59	34 399	39 304	23,2	27,3
60 +	24 429	29 242	16,5	20,3
Всего	**148 326**	**143 777**	**100,0**	**100,0**

В **1480** году европейская Россия имела население в **2 миллиона** человек (в 9 раз меньше тогдашней Франции).

В **1648** году, когда русские первопроходцы открыли водный путь из Северного Ледовитого океана в Тихий, до предела раздвинув восточные границы России, её население насчитывало **12 миллионов** жителей (против 19 миллионов во Франции).

В **1880** году число подданных Российской империи превысило **84 миллиона**, в два с половиной раза превзойдя ту же Францию.

Накануне Первой мировой войны Россия имела **190 миллионов**, и не будь социальных катастроф, непрестанно сотрясавших её в последующие десятилетия, уже в **1950** году, по подсчётам демографов, население России перевалило **бы (!)** за **300 миллионов**.

«Битва за Россию», СПб., 1999

4.4. МНОГОНАЦИО-НАЛЬНАЯ И МНОГОЯЗЫКАЯ РОССИЯ

Источник:
«Россия», «Вести-24»,
17.10.09 (07'28")

СИНХРОННЫЙ ТЕКСТ
(«Многонациональная и многоязыкая Россия», полный)

ЯКУТИЯ

(За кадром текст по-якутски.)

Корреспондент *(за кадром):*

— Здесь понимают друг друга с полуслова: и русского, и якутского. Телекомпания «Вести-Саха» вещает сразу на двух языках, ровно пятьдесят на пятьдесят.

Так выглядит текст для ведущего на суфлёре. Сейчас в студии записывают выпуск на якутском, как и «большие» «Вести» в Москве, 6 раз в день.

По территории Якутия — это 1/5 всей России, но на якутском говорят всего-то полмиллиона человек. Многие живут в таких удалённых

---

1. Прочитайте комментарий, необходимый для понимания видеосюжета.

◆ **ВГТРК** • Всероссийская государственная телевизионная и радиовещательная компания.

◆ **Таймы́р** • Полуостров, самая северная материковая часть суши; входит в состав Красноярского края; крупнейшие города: Норильск, Дудинка.

◆ **диа́спора** • Часть народа, проживающая за пределами страны происхождения: *грузинская диаспора в Москве.*

◆ **тундрови́к** • Человек, живущий и работающий в тундре.

◆ **«с колёс», всё на лету́** • Очень быстро, без подготовки.

◆ **не до сме́ха** • Не время для смеха, веселья: *Мне не до смеха.*

◆ **загоня́ть/загна́ть в у́гол** (кого?) • Ставить/поставить в трудное, безвыходное положение: *Он кого хочешь (= любого человека) загонит в угол.*

◆ **по стари́нке** • Как когда-то раньше, в старые времена.

◆ **шпи́лька** (в адрес кого?) • Острая шутка, насмешка в адрес кого-либо.

◆ **суфлёр** • Зд.: текстовый суфлёр, прибор, позволяющий дикторам телевидения незаметно для зрителей читать текст с экрана, а не заучивать его наизусть.

уголках, где нет Интернета и даже не выписывают газеты. Телевидение — единственная связь с большой землёй новостей.

Сотрудница якутской телекомпании:

— Здесь мне кажется очень важно: зритель, который говорил на якутском языке, или человек, который хотел бы изучать якутскую культуру и якутский язык, всё-таки слушал и смотрел новости всё-таки на якутском языке.

(Текст по-якутски.)

«Вести-Москва»:

— В регионах России сейчас местные новости.

— А мы после рекламы вернёмся уже к московским зрителям.

Корреспондент:

— Сразу после этих слов по всей России начинаются выпуски местных новостей, которые готовят журналисты, привыкшие думать и говорить не на одном только русском. Больше трети телекомпаний ВГТРК вещают на национальных языках. Их 53. И такого больше нет нигде в мире.

ИНГУШЕТИЯ

Корреспондент:

— Так, одним лёгким движением руки ведущей, «Вести» на русском превращаются в «Вести» по-ингушски. В переводе «хаомаш» означает «новости».

<...>

2. Посмотрите видеосюжет с частичной опорой на печатный текст: ниже даются фрагменты, содержащие реплики корреспондента. Значения выделенных слов выясните по словарю. Во время просмотра поставьте ударения в печатном тексте.

1.

— Здесь понимают друг друга с полуслова: и русского, и якутского. Телекомпания «Вести-Саха» **вещает** сразу на двух языках, ровно пятьдесят на пятьдесят.

Так выглядит текст для ведущего на **суфлёре**. Сейчас в студии записывают выпуск на якутском, как и «большие» «Вести» в Москве, 6 раз в день.

По территории Якутия — это 1/5 всей России, но на якутском говорят всего-то полмиллиона человек. Многие живут в таких удалённых уголках, где нет Интернета и даже не **выписывают** газеты. Телевидение — единственная связь с большой землёй новостей.

2.

— Сразу после этих слов по всей России начинаются выпуски местных новостей, которые готовят журналисты, привыкшие думать и говорить не на одном только русском. Больше трети телекомпаний ВГТРК вещают на национальных языках. Их 53. И такого больше нет нигде в мире.

3.

— Так, одним лёгким движением руки ведущей, «Вести» на русском превращаются в «Вести» по-ингушски. В переводе «хаомаш» означает «новости».

<...>

В редакции за бодрый нрав Магомеда Ханиева прозвали весельчаком. Но его героям не до смеха.

4.

— Он и сам кого хочешь загонит в угол. 15 лет Магомед снимает программы про экологию и историю ингушских сёл. В финале обязательно его фирменный знак: шпилька в адрес чиновников. Его мобильный никогда не замолкает.

5.

— **Позывных** из крошечной студии ждут и в Дудинке, это самый северный город на планете, и в **стойбищах** оленеводов, далеко за Полярным кругом. Ведущие читают новости на языках, на которых говорит всего несколько тысяч

В редакции за бодрый нрав Магомеда Ханиева прозвали весельчаком. Но его героям не до смеха.

Магомед Ханиев, редактор, режиссёр *(смеётся)*:

— Загнал ты меня в угол! *(хохочет)* Всё! Да?

Корреспондент:

— Он и сам кого хочешь загонит в угол. 15 лет Магомед снимает программы про экологию и историю ингушских сёл. В финале обязательно его фирменный знак: шпилька в адрес чиновников. Его мобильный никогда не замолкает.

М. Ханиев *(сначала говорит по-ингушски, а затем переходит на русский)*:

— Если перевести: «Магомед, если вы сможете, ради бога, приезжайте! Вот... покажите ситуацию. И... без вас мы никак не можем обойтись».

КРАСНОЯРСКИЙ КРАЙ, ДУДИНКА

— Вы слушаете «Радио России — Таймыр»!

Корреспондент:

— Позывных из крошечной студии ждут и в Дудинке, это самый северный город на планете, и в стойбищах оленеводов, далеко за Полярным кругом. Ведущие читают новости на языках, на которых говорит всего несколько тысяч человек на Таймыре: нганасанский, например, знают всего 500 тундровиков. Писать-то на нём стали всего 20 лет назад.

человек на Таймыре: нганасанский, например, знают всего 500 тундровиков. Писать-то на нём стали всего 20 лет назад.

6.

— Голос редактора Ларисы узнают все оленеводы и рыбаки, её главные слушатели. Радиоведущей она работает уже 26 лет. Одну неделю ведёт новости на нганасанском, другую — на ненецком, третью — на долганском.

(Звучат голоса ведущих на разных языках.)

Языки и традиции они спасают всего полчаса в день, именно столько длится вещание на радио «Дудинка». Тундровики **обижаются**: недавно выпуск перенесли с вечера на 7:30 утра.

7.

— Новости «с колёс», всё на лету. В компании «Вайнах» работают всего 4 корреспондента и 2 диктора. Чуть меньше половины выпусков — на чеченском. Информацию здесь называют не по-телевизионному — корреспонденцией. И вспоминают, как ещё несколько лет назад работали почти в полевых условиях.

8.

— А в этом ГТРК в Нальчике недавно появилось первое интернет-телевидение. Рейтинги сразу **подскочили**. А новостями с родины сразу стала интересоваться кабардинская диаспора в США, Турции и Европе.

9.

— Теперь их смотрят и слушают на четырёх национальных языках. И даже — на английском!

10.

— Рекордсмен по количеству языков вещания — Дагестан. Их здесь 14! И все они считаются государственными. В табасаранском, например, 49 падежей. Сложнее только китайский язык! В даргинской редакции готовят фильм про древнее **оружейное искусство**. В лезгинской — про 90-летнюю бабушку, у которой 33 внука, в рутульской — про национального поэта.

11.

— Здесь по старинке интервью для радио пишут на кассеты. А письма получают в конвертах, а не по Интернету. Но именно тут не дают умереть, например, агульскому языку, носителей которого всего 28 тысяч.

Евдокия Лампай, старший редактор национального радиовещания ГТРК «Норильск» в г. Дудинка:

— Вещаем так долго. Надеемся, что язык не умрёт.

Корреспондент:

— Голос редактора Ларисы узнают все оленеводы и рыбаки, её главные слушатели. Радиоведущей она работает уже 26 лет. Одну неделю ведёт новости на нганасайском[1], другую — на ненецком, третью — на долганском.

(Звучат голоса ведущих на разных языках.)

Языки и традиции они спасают всего полчаса в день, именно столько длится вещание на радио «Дудинка». Тундровики обижаются: недавно выпуск перенесли с вечера на 7:30 утра.

Лариса Турдагина, редактор национального радиовещания ГТРК «Норильск» в Дудинке:

— Приехали с рыбалки, приехали с охоты, и вот они тогда отдыхают и слушают наше радио. Вот единственное у них средство связи. Ну и, конечно, мы надеемся, что, это самое, услышат нас и дадут нам время вечернее, самое удобное для наших тундровиков.

ЧЕЧЕНСКАЯ РЕСПУБЛИКА, ГРОЗНЫЙ

Диктор:

— Говорит Грозный! В эфире государственная телерадиокомпания «Вайнах».

12.

— На вершине телерейтингов во всех этих телекомпаниях программы, которые на других каналах и представить сложно. Часовые **неспешные** фильмы об обрядах, национальных блюдах, о традициях, простых людях. Ведь главное не оперативность, а сохранение обычаев и языков, на которых больше нигде в мире не говорят.

3. Посмотрите видеосюжет ещё раз. Содержание каждого пропущенного фрагмента текста сформулируйте одной фразой, выбрав её из следующего списка.

- Признание ветерана.
- Условия работы — супер!
- Благодарность из Франции.
- Человек, без которого не могут обойтись.
- Наконец о своей культуре — на родном языке!
- Главная надежда сотрудников национального радиовещания.
- Для якутов важно слушать новости на родном языке.
- Тундровики обижаются.
- Кабардино-Балкарии необходимо интернет-телевидение.

4. Посмотрите видеосюжет в третий раз и запишите названия всех языков и всех национальностей, о которых идёт речь. Какой язык назван самым трудным?

5. После завершения работы с видеосюжетом напишите, что было для вас абсолютно новым. Какая республика, по вашему мнению, представлена ярче всего? Почему вы так думаете?

ТЕМЫ ДЛЯ ДИСКУССИИ

■ Если бы у вас появилась возможность попутешествовать по России, какую точку вы бы выбрали? Почему?

■ Россия — это «этнографический музей»... В чём плюсы и минусы многонациональности и многоязычия страны?

---

[1] Нганасайский: ошибка корреспондента. Правильно — нганасанский.

Корреспондент:

— Новости «с колёс», всё на лету. В компании «Вайнах» работают всего 4 корреспондента и 2 диктора. Чуть меньше половины выпусков — на чеченском. Информацию здесь называют не по-телевизионному — корреспонденцией. И вспоминают, как ещё несколько лет назад работали почти в полевых условиях.

Сулейман Ахметханов, диктор, ведущий:

— Работали в машине, обрабатывали корреспонденцию в спортзале. Это без окон, плёнкой полиэтиленовой были закрыты окна. Холодно... Ручки разогревали руками... Это было вообще тяжело. А сейчас — сейчас же вы видите, какая техника!

(Вставка на чеченском языке из студии.)

КАБАРДИНО-БАЛКАРИЯ, НАЛЬЧИК

Диктор:

— Добрый день! О событиях к этому часу вам расскажут «Вести — Кабардино-Балкария» и я, Залина Шакарова. Коротко о главных темах.

Корреспондент:

— А в этом ГТРК в Нальчике недавно появилось первое интернет-телевидение. Рейтинги сразу подскочили. А новостями с родины сразу стала интересоваться кабардинская диаспора в США, Турции и Европе.

Беслан Суйдимов, и. о. начальника службы информации ГТРК «Кабардино-Балкария»:

— Кабардино-Балкария — маленькая республика, которая вошла в состав России более 450 лет назад. Площадь составляет всего 12,5 тысяч квадратных метров, но основная часть народа, населяющая её территории, кабардинцы, в большинстве своём живут за границей, более чем в 50 странах мира. Отсюда и необходимость создания интернет-телевидения.

Корреспондент:

— Теперь их смотрят и слушают на 4 национальных языках. И даже — на английском!

(Текст на английском языке.)

Елена Кушхова, ведущая утреннего выпуска:

— Недавно пришло письмо из Франции с благодарностью о том, что, несмотря на то что люди находятся за многие тысячи километров от своей родной земли, от своей республики, они могут быть в курсе того, что происходит здесь.

ДАГЕСТАН

Корреспондент:

— Рекордсмен по количеству языков вещания — Дагестан. Их здесь 14! И все они считаются государственными. В табасаранском, например, 49 падежей. Сложнее только китайский язык! В даргинской редакции готовят фильм про древнее оружейное искусство. В лезгинской — про 90-летнюю бабушку, у которой 33 внука, в рутульской — про национального поэта.

Феруза Шерифова, старший редактор группы национального вещания:

(Текст на национальном языке.)

— Практически наш ветеран нам признаётся в любви, что мы готовим такие передачи.

Корреспондент:

— Здесь по старинке интервью для радио пишут на кассеты, а письма получают в конвертах, а не по Интернету. Но именно тут не дают умереть, например, агульскому языку, носителей которого всего 28 тысяч.

Гадши Алхасов, редактор:

— Народ наш является очень древним. Впервые упоминание о них относят к IV веку н. э. в исторических хрониках. Именно к этому времени агулов упоминают как отдельный этнос. Возможность говорить на родном языке о себе, о своей культуре, о своей истории, о своих людях у нас появилась практически сейчас.

(Текст на национальном языке.)

Корреспондент:

— На вершине телерейтингов во всех этих телекомпаниях программы, которые на других каналах и представить сложно. Часовые неспешные фильмы об обрядах, национальных блюдах, о традициях, простых людях. Ведь главное не оперативность, а сохранение обычаев и языков, на которых больше нигде в мире не говорят.

4.5. КОНФЕССИОНАЛЬНЫЙ СОСТАВ РОССИИ

Источник:
«Россия», «Вести-24»,
08.07.09,
видеограмма по данным
Росстата (00'45")

I. Прочитайте комментарий, который поможет работе с видеограммой. При необходимости воспользуйтесь словарём.

◆ **конфе́ссия** (лат. confessio — «испове́дание») • Особенность вероисповедания в пределах определённого религиозного учения, а также объединение верующих, придерживающихся этого вероисповедания. Например, в христианстве церкви, в исповедании употребляющие разные Символы веры, образуют разные конфессии: православие, католичество, протестантство и др. Хотя конфессиональное деление имеется во всякой религии, сам термин «конфессия» используется религиоведами практически только для различения исповеданий в христианстве.

◆ **правосла́вие** (калька с греч. ὀρθοδοξία — буквально «правильное суждение» или «правильное учение») • Термин появился в христианстве во II веке; с 1054 года, после разделения Западной (Римской) и Восточной (Константинопольской) церквей, используется для обозначения восточного христианства. На уровне управления православие — сообщество церквей, признающих «первым среди равных» патриарха Константинопольского. Третья по численности конфессия после католичества и протестантизма. Мировое православие представляют 14 автокефальных (букв. «самовозглавляемых») и 5 автономных церквей. В первую группу входят 4 древних Восточных патриархата: Константинопольский, Александрийский, Антиохийский, Иерусалимский — и 10 других церквей, возникших преимущественно по национальному принципу: Русская, Сербская, Румынская, Болгарская, Грузинская, Кипрская, Греческая (Элладская), Польская, Албанская церкви и Православная церковь в Чешской и Словацкой республиках. Из них 9 — патриархаты, остальные возглавляются архиепископами или митрополитами.

Реально существующая Американская православная церковь, 15-я по счету, не признается в качестве автокефалии Константинопольским патриархатом. Каждая автокефальная церковь обладает полным правом самостоятельно решать свои внутренние проблемы, включая избрание своего главы. Автономные церкви, хотя и свободны в своей текущей деятельности, но канонически зависят от автокефальных церквей, предоставивших им этот статус. К ним относятся: Православная церковь горы Синай, Финская, Японская, Китайская, Эстонская православные церкви. К православию принадлежит также ряд церквей (преимущественно в Северной Америке), состоящих в основном из потомков эмигрантов и находящихся под каноническим покровительством Константинопольского патриархата. Наконец, православными называют себя и церкви (общины) с «неопределённым статусом», т. е. неканонические или находящиеся в расколе и не имеющие общения с мировым православием: староверы, Русская православная церковь за границей, Украинская (1 — Киевский патриархат и 2 — Украинская автокефальная православная церковь), Белорусская автокефальная, Македонская православные церкви и т. н. Старостильные православные церкви.

В истории России православие сыграло важнейшую роль в становлении независимого русского государства. Большинство русских отождествляет себя с православными на основе национального самосознания.

◆ **католици́зм, или католи́чество** (*лат.* catholicismus; от *греч.* καθολικός — «всеобщий», буквально «повсему» или «согласно всему»; впервые по отношению к церкви термин ἡ Καθολικὴ Ἐκκλησία применён около 110 г.) • Крупнейшая (более 1,13 миллиардов по состоянию на конец 2008 г.) христианская конфессия, сформировалась в I тысячелетии н. э. на территории Западной Римской империи.

◆ **протестанти́зм, или протеста́нтство** (от *лат.* protestans, род. п. protestantis — «публично доказывающий») • Одно из трёх, наряду с католичеством и православием, главных направлений христианства, связано с Реформацией — широким антикатолическим движением XVI века в Европе.

◆ **исла́м** (*араб.* الإسلام, англ. Islam) • Монотеистическая мировая религия (наряду с христианством, иудаизмом). Слово «ислам» имеет несколько значений, буквально переводится как «мир». Другое значение этого слова — «предание себя Богу» («покорность Богу»). В шариатской терминологии ислам — это полное, абсолютное единобожие, подчинение Богу, Его приказам и запретам, отстранение от многобожия. Людей, которые покорились Богу, в исламе называют мусульманами.

♦ **вероиспове́дание** • Принадлежность к какой-либо религии или конфессии.

Если вы хотите больше знать по этой теме, обратитесь по адресу: http://ru.wikipedia.org/wiki/Конфессия

2. В видеосюжете сравниваются религиозные ситуации в трёх государствах: Российской империи, СССР и Российской Федерации. Прочитайте краткие исторические справки о них. Эта информация поможет вам представить, во-первых, политику государства по отношению к церкви, во-вторых, состояние религиозной ситуации при разной власти.

I. Росси́йская импе́рия; также Российское государство или Россия — название русского государства в период **с 1721 года до Февральской революции и провозглашения республики в 1917 году**. Империя была провозглашена по итогам Великой Северной войны русским царём Петром I Великим. Российская империя была третьим по площади из когда-либо существовавших государств (после Монгольской и Британской империй). Глава империи, император всероссийский, обладал ничем не ограниченной, абсолютной властью до 1905 года, затем императорским манифестом в стране был создан парламент (Государственная дума). 1 сентября 1917 года Россия была официально провозглашена республикой.

II. Сою́з Сове́тских Социалисти́ческих Респу́блик — федеративная республика, существовавшая **с 1922 года по 1991 год**. Экономика социалистического типа. Занимала 1/6 часть Земли и была в своё время самой крупной по площади страной мира, включала территорию Российской империи — без Финляндии, части Царства Польского и некоторых других территорий, но с Галицией, Закарпатьем, частью Пруссии, Северной Буковиной, Южным Сахалином и Курилами. http://ru.wikipedia.org/wiki/Союз_Советских_Социалистических_Республик

III. Росси́я (от греч. Ρωσία — Русь; официально — Россия или **Росси́йская Федера́ция**) — государство, существующее **с 12 декабря 1991 года** в форме президентской республики, правопреемник СССР. Экономика переходного типа.

3. Обратите внимание на особенности употребления глаголов *верить* и *веровать.*

Глагол *верить* может употребляться в значениях:

1) быть убеждённым в чём-либо: *Наивный человек! Он верит в справедливость!* (в + В. п.)

2) принимать что-либо за истину: *Я не верю в теорию Дарвина.* (в + В. п.)

3) доверять кому-либо: *Ребенок верит в родителей. Дети верят родителям. «Верю в тебя, дорогую подругу мою...»* («Тёмная ночь»).

4) верить в Бога, веровать: *Если не веришь в Бога, не ходи в церковь. = Если не веруешь (в Бога), не ходи в церковь. = Если не веруешь, не ходи в церковь. Кто верит в Магомета, кто — в Аллаха, кто — в Иисуса...* (В. Высоцкий. «Песня о переселении душ»).

Глагол *веровать* употребляется только в религиозном контексте и выступает как синоним к глаголу *верить* в четвёртом его значении.

Верить + Д. п.; в + В. п.: Больше верь (= доверяй) себе! Больше верь в себя!

Веровать + в + В. п. Глагол *веровать* с Д. п. не употребляется!

4. Выясните по двуязычному словарю значения следующих слов и выражений, запишите их перевод в таблицу.

Слова и словосочетания	Значение
определяться/определиться (с чем?), ⊠ определившийся: *неопределившийся*	
следовать, ⊠ следование (чему?): *следование моральным нормам*	
обряд	
соблюдать/соблюсти (что?), ⊠ соблюдение (чего?): *соблюдение обрядов*	
предрассудок	
доля	

лицо	
преобладать	
доминировать	
составлять/составить (что?): *составить большую часть* (чего?)	
достигать/достигнуть (чего?): *достигать пика, верхней точки*	

5. Познакомьтесь с организациями, которые сообщают статистические данные об обществе.

ВЦИОМ — Всероссийский центр изучения общественного мнения;

Левада-Центр — Аналитический центр Юрия Левады — российская негосударственная исследовательская организация.

6. В видеограмме вы увидите 6 картинок-графиков. Опишите их одну за другой, используя подходящую лексику из текста 4.1 и предложенные ниже конструкции.

Картинка 1

когда?	кого? доля кого? каких?	было составляла/ составила	сколько процентов?

Картинки 2,3

в сравнении	с чем? когда? доля кого? каких?	уменьшилась/ увеличилась	на сколько процентов?

Картинка 4

доля лиц, считающих себя кем? какими? кривая чего? когда?	медленно/ быстро плавно/ резко, круто	растёт, уменьшается движется, ползёт взлетает, поднимается/ падает, опускается фиксируется	куда? вверх/ вниз куда? вверх/ вниз где? на какой отметке, каком уровне?

В 1997 году показатель уровня религиозности фиксируется на уровне 50 %.

Картинка 5.

Выполните задание по образцу.

7 %: Для 7 % (семи процентов) россиян религия — это предрассудок.

39 %: ....
26 %: ....
21 %: ....
17 %: ....
10 %: ....

Картинка 6.

- **Каким цветом что отмечено? / Какой цвет что обозначает?**

  Красным цветом на карте отмечены протестанты.
  Красный цвет обозначает протестантов.

Православные   тёмно-зелёный
Мусульмане   зелёно-жёлтый
Буддисты   светло-зелёный
Традиционные верования   коричневый

- **Какой цвет (какая религия) доминирует?**
- **Как цвета (религии) распределяются по регионам?**
- **В каких регионах исповедуется какая религия?**

7. На основе текста-видеограммы подготовьте сообщение на одну из этих тем и выступите с ним в классе.

- Религиозное разнообразие в одной стране — плюс или минус?
- Государство и религия в современном мире.

4.6. ГОРОД ПРОТИВ ДЕРЕВНИ

Источник:
«Россия», «Вести-24»,
10.08.09,
видеограмма по данным
Росстата (00'50")

1. Посмотрите видеограмму и проанализируйте её. Трансформируйте графическое изображение в текст, используйте лексико-грамматические конструкции из предыдущего текста (текст 4.5).

2. Вспомните правила употребления сказуемого в единственном или множественном числе при подлежащем, выраженном счётными конструкциями.

Многие россияне живут в городах.
Ряд (большая часть) россиян живёт в городах.
Доля россиян, живущих в городах, увеличивается / уменьшается.

При конструкциях с *оба, два, три, четыре* глагол стоит только в форме множественного числа:
Обе линии (кривые) меняют направления.
Но: *Множество (много, немного, мало, сколько) россиян живёт / живут в городах.*
Форма глагола может подчеркивать **совместность (единственное число сказуемого) или раздельность (множественное число)** действия. Уточняющие слова после подлежащего делают более предпочтительным множественное число сказуемого:
325 тысяч россиян переехало из деревни в город.
325 тысяч россиян, получивших среднее образование, переехали из деревни в город.
Во втором случае подчеркивается, что действие имеет активный индивидуальный, раздельный характер.

3. Опишите одну за одной «картинки» видеограммы.

Картинка 1.

Как себя ведут кривые графика? Где кривые пересекаются? О чём это говорит? Какие социально-исторические события отражает «поведение» кривых?

С какого момента пропорции почти не меняются?

Какова ситуация на сегодняшний день?

Каков прогноз (2030)? Хорош ли он, с вашей точки зрения?

Картинка 2.

До 1958 года в деревнях жила бо́льшая часть населения страны.

В 1958 году доли городского и сельского населения были примерно равными и составляли по 50 %.

Продолжите:

В 1970 году доля/часть городского населения составляла...

В 1980 году ....

....

Картинка 3.

Сколько федеральных округов в Российской Федерации? Назовите их.

http://ru.wikipedia.org/wiki/Федеральные_округа_Российской_Федерации

Запишите словами данные видеограммы, расположив их по мере убывания.

Например:

1. *По данным Росстата на 2009 год, на первом месте/лидирует по количеству горожан Центральный округ. В нём проживает...*

2. ....

3. ....

4. ....

5. ....

6. ....

7. ....

В 2010 году в России создан новый федеральный округ — Северо-Кавказский. Он выделился из Южного.
http://www.rian.ru/infografika/20100119/205345795.html

Картинка 4.

Назовите большие города в местах наибольшей концентрации городского населения.

Картинка 5.

Какой цвет что обозначает? Какой цвет доминирует? Какой цвет занимает меньше всего места на карте? Где? Почему? Как это можно объяснить?

На пространстве, обозначенном красным цветом, доля городского населения составляет 75 % и более.

Какие регионы обозначены особо?

Особо обозначена Мурманская область. Концентрация городского населения здесь достигает 91,2 %.

Магаданская область ....

Ханты-Мансийский АО — Югра ....

Республика Дагестан ....

Чеченская Республика ....

Республика Алтай ....

ТЕМЫ ДЛЯ ДИСКУССИИ

■ «Победа» города над деревней:

— опасна для России,

— делает жизнь россиян более удобной и интересной,

— отражает общемировую тенденцию.

■ Каковы тенденции в вашей стране? Сравните с Россией.

ДВЕ
СТОЛИЦЫ

5

5.1. ГИМН ВЕЛИКОМУ ГОРОДУ

Источник:

«Петербург — Пятый канал», 15.03.09 (01'36")

1. Какие достопримечательности Санкт-Петербурга вы знаете? Какие важные этапы в жизни города вам известны?

2. Посмотрите видеофрагмент о Петербурге, во время просмотра отметьте цифрами в нужном порядке то, что вы видите в фильме (ключ см. на с. 136).

№	Название объекта
	Вид на здание Эрмитажа с Невы
	Возвращение памятников после снятия блокады Ленинграда в годы Великой Отечественной войны
	Восстановление Невского проспекта после окончания войны
	Дворцовая площадь в праздничный вечер
1	Исаакиевский собор
	Невский проспект сегодня
	Петропавловский собор
	Пискарёвское мемориальное кладбище
	Портик Александринского театра
	Стрелка Васильевского острова
	Улицы Ленинграда в дни блокады
	Факелы на Ростральных колоннах в праздничный вечер
	Шхуна «Алые паруса»

Примечание. Фрагмент фильма о Санкт-Петербурге сопровождается «Гимном великому городу» Р.М. Глиэра (1875—1956) из балета «Медный всадник». Эта мелодия используется как гимн Петербурга.

3. Выберите какую-нибудь одну петербургскую досто-примечательность и подготовьте небольшой рас-сказ/презентацию/эссе о ней (используйте данные ниже интернет-ссылки).

http://ru.wikipedia.org/wiki/Дворцовая_площадь
http://walkspb.ru/zd/petrop_sobor.html
http://ru.wikipedia.org/wiki/Стрелка_Васильевско-го_острова
http://www.alexandrinsky.ru/about/history/
http://www.museum.ru/M173
http://walkspb.ru/zd/petrop_sobor.html
http://walkspb.ru/ulpl/nevskiy_pr.html
http://www.astrobroker.ru/section9/index.htm
www.hermitagemuseum.org

ТЕМА ДЛЯ ДИСКУССИИ

■ Забудут ли когда-нибудь люди о блокаде Ленинграда? Можно ли забыть? Нужно ли?

5.2. В МОСКВЕ — ПРАЗДНИК!

Источник:
«Россия», «Вести недели», 06.09.09 (02'57")

СИНХРОННЫЙ ТЕКСТ
(«В Москве — праздник!»)

Корреспондент:

— Настоящее буйство красок и уж совсем неожиданные сюрпризы! Где ещё такое можно услышать? Чтобы шотландские волынщики из своих бурдюков выдували «Подмосковные вечера»!

(Звучит мелодия «Подмосковные вечера».)

Пели и танцевали почти везде. Даже там, где, казалось бы, не было никаких специальных площадок. И никого это, конечно, не смущало. По традиции купались в фонтанах. Самые впечатлительные окунулись в Москва-реку. Но милиционеры — было заявлено, что столицу охраняют 11 тысяч человек — рапортовали: «Праздник прошёл спокойно. Без происшествий».

1. Прочитайте комментарий, необходимый для понимания видеосюжета.

◆ **волы́нка** • Традиционный музыкальный духовой инструмент многих народов Европы и Азии.

◆ **бурдю́к** • Часть волынки; мешок из целой шкуры животного.

◆ **«Подмоско́вные вечера́»** • Самая популярная советская песня, авторы — В. Соловьёв-Седой и М. Матусовский. Получила известность за рубежом в 1957 году, после Всемирного фестиваля молодёжи и студентов в Москве.

◆ **флешмо́б** (от англ. flash mob: flash — «вспышка», «миг», «мгновение»; mob — «толпа») • Заранее спланированная массовая акция, в которой участвует большая группа людей (моберы). Они внезапно появляются в общественном месте, в течение нескольких минут с серьёзным видом выполняют действия абсурдного содержания (сценарий) и затем одновременно быстро расходятся в разные стороны.

Для тех, кто хочет знать больше: http://ru.wikipedia.org/wiki/Флешмоб

◆ **Спа́сская ба́шня** • Одна из 20 башен Московского Кремля, выходящая на Красную площадь, в башне расположены главные ворота Кремля — Спасские — и установлены главные часы страны — московские куранты.

◆ **Кра́сная пло́щадь** • Главная и наиболее известная площадь Москвы, расположена у северо-восточной стены Кремля; название получила от старого значения слова *красный* — «красивый». С запада от площади находится Московский Кремль, с востока — ГУМ (Главный универсальный магазин, название сохранилось с советских времён), с севера — Исторический музей и Собор Казанской иконы Божией Матери, с юга — Покровский собор (храм Василия Блаженного). Длина площади 330 метров, ширина 70 метров.

А это уже сами милиционеры были замечены не только за охраной порядка.

Александр Иванов, исполняющий обязанности начальника ГУВД Москвы:

— Всё, что мы должны выполнять каждый божий день на улице в случае осложнения оперативной обстановки, мы как раз показываем, чем мы занимаемся.

Милиционеры:

— Давай! Давай! Давай!

Корреспондент:

— Традиционный милицейский забег демонстрирует высокую скорость и, как сами шутят, пугает его потенциальных преступников. Важное условие: удержать на голове, ну, или хотя бы в руках, фуражку.

Милиционеры:

— Какое место у вас?

— Ну, товарищ генерал!.. В десятке.

— В десятке — я знаю...

— 9-е...

— Хотелось быть первыми...

— Думали, что будем первыми.

Корреспондент:

— В свой 862-й день рождения Москва по-прежнему молодая.

Студенты:

— С днем рождения, Москва!

Корреспондент:

— 40 тысяч студентов, — они назвали это флешмобом — университет за университетом, поздравляли столицу.

Для тех, кто хочет знать больше: http://ru.wikipedia.org/wiki/Красная_площадь

◆ **брусча́тка** • Специальная каменная плитка прямоугольной формы для покрытия дорог и площадей, Красная площадь в Москве покрыта брусчаткой.

◆ **Шаоли́ньский монасты́рь** • Место рождения буддийской школы чань (дзен-буддизма) и центр буддийских боевых искусств, находится в Китае.

2. Выясните по двуязычному словарю значения следующих слов и выражений, запишите их перевод в таблицу.

Слова и словосочетания	Значение
буйство красок: *настоящее буйство красок*	
смущать/смутить (кого? чем?): *никого это не смущало*	
окунаться/окунуться (во что?): *окунулись в Москва-реку*	
рапортовать (о чём?): *милиционеры рапортовали...*	
оперативная обстановка	
забег: *милицейский забег*	
фуражка	
разрываться/разорваться (о залпах салюта): *залпы разрывались 30 минут*	

3. Запомните значения следующих устойчивых словосочетаний, которые прозвучат в видеосюжете.

Каждый божий день — каждый день.

Чеканить шаг — идти так, как ходят военные на параде (на военном празднике).

Томительное ожидание — очень долгое ожидание (ср. ждать).

Гвоздь программы — самая главная и интересная часть программы.

В общей сложности — всё вместе.

Студенты:

— Мы целуемся на День города!

Корреспондент:

— А это уже другой, как считают организаторы, самый оригинальный способ поздравить Москву: целовали даже совсем незнакомых.

Прохожая:

— Чувствуется настроение людей... другое. Они какие-то все более доброжелательные, открытые, весёлые, улыбчивые. Посмотрите, как все улыбаются! Совсем другое настроение! Чувствуется, нет вот этой озабоченности повседневной.

Корреспондент:

— Это, пожалуй, самая зрелищная часть программы. Международный военно-музыкальный фестиваль «Спасская башня». На брусчатке Красной площади чеканят шаг волынщики, барабанщики, духовики — в общей сложности более тысячи военных музыкантов из 9 стран мира: Великобритании, Израиля, Индии, Италии, Китая, Казахстана, Франции, Финляндии и, конечно, России. Смешение жанров и стилей. Настоящая музыкальная феерия в сердце столицы.

(Звучит «Калинка».)

Переполненные трибуны. Билет на фестиваль было просто невозможно достать. Всё раскупили ещё за месяц. Ведь кроме оркестров и монахов из Шаолинского

4. Прочитайте вслух цепочки слов. Последнее звено каждой цепочки повторите, не смотрите в текст.

Буйство → буйство красок → настоящее буйство красок → настоящее буйство красок и сюрпризы → настоящее буйство красок и неожиданные сюрпризы → настоящее буйство красок и уж совсем неожиданные сюрпризы.

Обстановка → оперативная обстановка → осложнение оперативной обстановки → в случае осложнения оперативной обстановки.

Бег → забег → милицейский забег → традиционный милицейский забег → традиционный милицейский забег демонстрирует скорость → традиционный милицейский забег демонстрирует высокую скорость.

Поздравить → способ поздравить Москву → другой способ поздравить Москву → другой оригинальный способ поздравить Москву → другой, самый оригинальный способ поздравить Москву.

Настроение → другое настроение → совсем другое настроение.

Все → они все → они все более доброжелательные → они все более доброжелательные, открытые → они все более доброжелательные, открытые, весёлые → они все более доброжелательные, открытые, весёлые, улыбчивые → они какие-то все более доброжелательные, открытые, весёлые, улыбчивые.

Достать → достать билет → билет невозможно достать → билет на фестиваль невозможно достать → билет на фестиваль было невозможно достать → билет на фестиваль было просто невозможно достать.

монастыря был гвоздь программы.

А это уже томительное ожидание фейерверка. Газоны и склоны занимать нужно было очень заранее.

(Семья в кадре хором кричит: «Ура-а-а!!!»)

Залпы в честь столицы разрывались 30 минут, и наблюдал, кажется, весь город. Движение хоть и открыли, но автомобилисты в этот момент предпочли никуда не ехать.

Ольга Скобеева, Татьяна Королёва, Пётр Ровнов, Антон Касимович и Александр Боткин. «Вести недели».

5. Посмотрите видеосюжет, во время просмотра запишите всех участников праздника, которых увидите в сюжете, а также способы их поздравлений.

Например:

1. Шотландские волынщики — играют «Подмосковные вечера».

КЛЮЧ (упр. 5):

2. Москвичи и гости города — поют, танцуют, купаются в фонтанах, в Москве-реке.

3. Милиционеры — бегают кто быстрее.

4. Студенты — организовали флешмоб.

5. Молодые люди — целуются.

6. Военные музыканты из разных стран — участвуют в фестивале.

7. Монахи из Шаолиньского монастыря — выступают на Красной площади.

8. Москвичи и гости города смотрят фейерверк.

РАБОЧАЯ МАТРИЦА

к тесту («В Москве — праздник!»)

Пози-ция	Правильный вариант ответа		
1	а	б	в
2	а	б	в
3	а	б	в
4	а	б	в
5	а	б	в
6	а	б	в

6. Посмотрите видеосюжет ещё раз и выполните тест.
Закончите предложения в соответствии с содержанием текста. Правильные ответы отметьте в матрице.

1. Во время праздника ... .
   а) было одно происшествие
   б) было несколько несчастных случаев
   в) не было ни одного происшествия

2. Люди танцевали ... .
   а) на Красной площади
   б) везде
   в) на дискотеках

3. Московская милиция организует соревнования по бегу ... .
   а) во время всех праздников
   б) один раз в год
   в) каждый месяц

4. Милиционеры во время забега не должны ... .
   а) громко кричать
   б) быть в спортивных костюмах
   в) потерять фуражку

5. В праздничном флешмобе участвовали ... .
   а) все желающие
   б) студенты и школьники
   в) только студенты

6. В военно-музыкальной программе участвовало ... .
   а) 9 тысяч музыкантов из 11 стран
   б) 10 тысяч музыкантов из 9 стран
   в) более тысячи музыкантов из 9 стран

ТЕМЫ ДЛЯ ДИСКУССИИ ИЛИ ЭССЕ

■ Нужно ли так пышно праздновать день города?
■ Есть ли такой праздник в вашем родном городе?

ПРИНЯТЫЕ СОКРАЩЕНИЯ

Д. п. — дательный падеж
Р. п. — родительный падеж
Тв. п. — творительный падеж
СВ — совершенный вид
НСВ — несовершенный вид

англ. — английское
араб. — арабское
греч. — греческое
ирон. — ироническое
лат. — латинское
лингв. — лингвистическое
перен. — переносное
прост. — просторечное
фраз. — фразеологическое

зд. — здесь
см. — смотрите
ср. — сравните
тыс. — тысяча

КОНТРОЛЬНЫЕ МАТРИЦЫ К ТЕСТАМ

1.3. Цвет России

Пози-ция	Правильный вариант ответа		
1		б	
2	а		
3		б	
4			в
5			в
6	а		

1.8. Споры вокруг Курил

Пози-ция	Правильный вариант ответа		
1			в
2			в
3			в
4			в
5			в
6			в

2.2. «Волга, Волга, мать родная!»

Пози-ция	Правильный вариант ответа		
1		б	
2	а		
3	а		
4			в
5			в
6	а		

1.5. Северные рубежи России

Пози-ция	Правильный вариант ответа		
1			в
2		б	
3	а		
4		б	
5			в
6		б	

1.10. Затянуть пояса!

Пози-ция	Правильный вариант ответа		
1	а		
2		б	
3	а		
4		б	
5		б	
6		б	

2.6. Камчатка: медвежий уголок

Пози-ция	Правильный вариант ответа	
1		нет
2	да	
3		нет
4	да	
5		нет
6		нет

1.6. Чтобы хорошо жить завтра...

Пози-ция	Правильный вариант ответа	
1	да	
2	да	
3		нет
4		нет
5	да	
6		нет

2.9. Энергетическое партнёрство: история и перспективы

Зада-ние	По-зи-ция	Правильный вариант ответа	
1	1		нет
	2		нет
	3	да	
	4		нет
	5	да	
	6		нет
2	7	б	
	8		в
	9	б	
	10		в
	11		в
	12	а	
3	13	мирового импорта трубопроводного газа	
	14	наиболее актуальной задачей	
	15	территории других стран	
	16	балтийским берегом Германии в районе Грайфсвальда	
	17	кубометров в год	
	18	поставок российского газа в Западную Европу	

3.2. Чукотский автономный округ

Пози-ция	Правильный вариант ответа		
1			в
2		б	
3	а		
4			в
5		б	
6			в

3.3. Еврейская автономная область: Биробиджан

Позиция	Правильный вариант ответа	
1	да	
2		нет
3	да	
4		нет
5		нет
6		нет

3.7. Чеченская Республика

Пози-ция	Правильный вариант ответа		
1	а		
2	а		
3	а		
4		б	
5	а		
6	а		

3.10. Республика Татарстан

Зада-ние	По-зи-ция	Правильный вариант ответа	
1	1		нет
	2		нет
	3	да	
	4		нет
	5	да	
	6	да	
2	7	а	
	8		б
	9	а	
	10		б
	11		б
	12		в
3	13	мастер-классы	
	14	калькой/переводом	
	15	Ленину-студенту	
	16	обмену учащимися	
	17	размышлений	
	18	визиту госсекретаря	

4.2. «Итоги переписи населения — 2002»

Зада-ние	По-зи-ция	Правильный вариант ответа	
1	1	да	
	2		нет
	3	да	
	4	да	
	5		нет
	6		нет
2	7		б
	8	а	
	9		б
	10	а	
	11		в
	12		в
3	13	украинцы	
	14	160 национальностей	
	15	более зрелом возрасте	
	16	26 миллионов человек	
	17	40 годам	
	18	детского населения страны и молодёжи	

5.1. Гимн великому городу

Ключ (упр. 2)

№	Название объекта
8	Вид на здание Эрмитажа с Невы
4	Возвращение памятников после снятия блокады Ленинграда в годы Великой Отечественной войны
5	Восстановление Невского проспекта после окончания войны
10	Дворцовая площадь в праздничный вечер
1	Исаакиевский собор
6	Невский проспект сегодня
9	Петропавловский собор
3	Пискарёвское мемориальное кладбище
7	Портик Александринского театра
13	Стрелка Васильевского острова
2	Улицы Ленинграда в дни блокады
12	Факелы на Ростральных колоннах в праздничный вечер
11	Шхуна «Алые паруса»

5.2. «В Москве — праздник!»

Пози-ция	Правильный вариант ответа	
1		в
2	б	
3	б	
4		в
5		в
6		в

В оформлении издании использованы следующие фотоматериалы:

http://helpme.tom.ru/images/photoalbum/useralbum_154/getfile1.gif

http://www.volganet.ru/irj/go/km/docs/documents/Public%20Documents/Images/%D0%98%D0%B7%D0%BE%D0%B1%D1%80%D0%B0%D0%B6%D0%B5%D0%BD%D0%B8%D1%8F/%D0%90%D1%80%D1%85%D0%B8%D0%B2/img_15079.jpeg

http://www.gubkin.ru/leisure/inter_friendship_club/fotoalbum/2008/12yun/DSC00677.JPG

http://prirodi.ucoz.ru/Karti/Rossija.jpg

http://upload.wikimedia.org/wikipedia/commons/thumb/1/1b/Gagarin_%28Star_City%29.jpg/400px-Gagarin_%28Star_City%29.jpg

http://gorod.tomsk.ru/uploads/28460/1239072208/repphoto_4731_3228.jpg

http://dic.academic.ru/pictures/wiki/files/48/08-09-16_JaroslawlDenkmal_Jaroslaw2.JPG

http://pilot-cosmonaut.narod.ru/image/6.jpg

http://i-r-p.ru/files/files2/4523fd41c401f1.48892851

http://www.senat.org/reg1/narushkin.gif

http://volok-spravruss.ucoz.ru/MironovS.M.jpg

http://sonata-nn.ucoz.ru/img/grizl.jpg

http://dic.academic.ru/pictures/wiki/files/122/zemlya_frantsa-iosifa.png

http://www.pravkamchatka.ru/res/Image/1/31/IMG_1675.jpg

http://www.smtour.ru/adm/138/imgdop4big.jpg

http://img-5.photosight.ru/6c2/3063422_large.jpeg

http://photofthawild.fishup.ru/files/25/ed/1b/pw_2959321_019.JPG?v=3

http://www.modellmix.su/_images/photos/products/51/3.jpg

http://www.bellona.ru/imagearchive/sahalinenergy.jpg

http://iplc.ru/web/images/stories/iplc/platform.jpg

http://dic.academic.ru/pictures/wiki/files/111/o___sakhalin.png

http://i3.prophotos.ru/0d/b7/0db7a6b581cde4961a215c73b0f213e7_photo_gray_preview_1024.jpg

http://900igr.net/data/priroda/Arktika.files/0048-121-Pomogajut-peredvigatsja-ljudjam-na-severe-druzja-sobaki.jpg

http://vsv.moy.su/_ph/1/777062884.jpg

http://mancub.narod.ru/pics/Arktika3.jpg

http://www.strategypage.com/gallery/images/cold_outside.jpg

http://sever.mvk.ru/i/sp35/img_8646a.jpg

http://www.oceanology.ru/wp-content/uploads/2009/10/arctic-lake-sediment-core.jpg

http://www.panoramix.ru/images/blog/atlantis_submarine.jpg

http://www.goodfon.ru/image/28904-1920x1200.jpg

http://live4fun.ru/pictures/img_37744038_3050_1.jpg

http://www.fire-land.ru/data/gallery/Olen.jpg

http://www.miger.ru/ruszones.jpg

http://www.krasnaya-polyana-hotels.ru/images/DSC09921(2).jpg

http://www.uz.gov.ua/?f=Doc.View&p=news_4644.1

http://kurdyumov.ru/knigi/bahcha/pic/02.jpg

http://img-fotki.yandex.ru/get/3003/kortunovaz.1/0_1f640_bc1664d6_XL

http://www.lensart.ru/picturecontent-pid-9787-et-41f932c

http://upload.wikimedia.org/wikipedia/commons/thumb/c/cd/Yuri_Vladivostok_20030804_118.jpg/800px-Yuri_Vladivostok_20030804_118.jpg

http://www.sakhalin.ru/Region/korni/salmon/baza/images/6/6_113.jpg

http://img.ngs.ru/news/upload_files/52014/e7b0c6323d1030aeee249037e14a8dd7.jpg

http://s56.radikal.ru/i153/0807/a9/1f0649db4312.jpg

http://www.snpltd.ru/Images/Products/child_rest_excurs_shkola_zolotoe_colco__5.jpg

http://i102.photobucket.com/albums/m100/lukavik/IMGP0019.jpg

http://img0.liveinternet.ru/images/attach/b/1/3554/3554600_razin.jpg

http://www.nubo.ru/pavel_egorov/home/turism/991_012.jpg

http://www.rybolov.de/photo/img/316.jpg

http://stat17.privet.ru/lr/0935b47e45f73b5f3a7affda6903d251

http://stat17.privet.ru/lr/09145d6ab5c7000039eed9a3eb4ef497

http://venividi.ru/files/img/1344/48573715.jpg

http://images.izvestia.ru/ruschudo/foto/12139-big.jpg

http://venividi.ru/files/img/4548/17.jpg

http://pcot.permp.ru/baykal2.jpg

http://www.marshruty.ru/PhotoFiles/d/6/7/2/d67208511b144e5a9a054aef01ebe293/large/4%20%20%D0%9A%D0%91%D0%96%D0%94.JPG

http://s.imhonet.ru/trash/source/8a/9e/8a9ef62e2cf9de9ac3e6849333cab094.jpg

http://www.irport.ru/photos/baikal/01/big/40.jpg

http://qrok.net/uploads/posts/2010-02/thumbs/1265347768_article-1039573-021b063100000578-437_468x302_popup.jpg

http://img-fotki.yandex.ru/get/3100/puhovec.5/0_21438_95ba4763_XL

http://www.ecmo.ru/data/Baikal_nerpa.jpg

http://www.baikal-inform.ru/_si/0/39393.jpg

http://www.lensart.ru/picturecontent-pid-5d4d-et-3300c32

http://forum.diveplanet.ru/upload/iblock/67b/diving_baikal%20e2b.jpg

http://www.atorus.ru/public/ator/data/photos/b63fee-normal.jpg

http://www.salves.com.br/dicsimb/Images/Vulcao.jpg

http://i.bigmir.net/img/prikol/images/large/6/4/50246_36145.jpg

http://16na10.ru/_ph/4/677392474.jpg

http://www.stihi.ru/pics/2009/06/20/5326.jpg

http://img.autorambler.ru/news/getimg.php?id=71617

http://www.azimuttur.ru/images/beachsochi

http://nevsedoma.com.ua/images/2007/164/1900000F.jpg

http://s59.radikal.ru/i165/0910/16/248e966055f0.jpg

http://oltin-vodiy.clan.su/14116.jpg

http://s52.radikal.ru/i138/0901/7b/e0557956d347.jpg

http://content.foto.mail.ru/mail/ostavi/_blogs/i-4204.jpg

http://raipon.net/Portals/8/RAIPON%20Images/22.JPG

http://www.sensator.ru/images/0000/c/o/content/photo/2007/5/1179732302.94979_3833157.jpg

http://static.panoramio.com/photos/original/4363461.jpg

http://www.fedpress.ru/UserFiles/RRRSSRRRRRjo1.jpg

http://banki72.ru/towns/nadim/town-big.jpg

http://www.photoline.ru/critic/picpart/1221/1221805273.jpg

http://img-fotki.yandex.ru/get/23/baranovagalina.1b/0_cfb9_19027d71_XL

http://polyris.ucoz.ru/_fr/1/6769389.jpg

http://img.crazys.info/files/i/2007.2.24/thumbs/1172320807_00018.jpg

http://www.dv-news.com/web/guest/analytics/tourism/111100

http://s40.radikal.ru/i087/0910/4d/f15cf72189c1.jpg

http://www.ant-arctica.ru/upload/iblock/2bf/ergeron1.jpg

http://fotki.yandex.ru/users/kfl519/view/92793/?page=0

http://www.photohost.ru/t/600/400/219339.jpg

http://www.rusnations.ru/data/pics/gen_0271_600.jpg

http://www.rusnations.ru/data/pics/gen_0271_600.jpg

http://www.wise-travel.ru/image/14189-2000-2000.jpg

http://www.wise-travel.ru/image/14189-2000-2000.jpg

http://www.eao.ru/Images/Culture/culture_9.jpg

http://www.wise-travel.ru/image/14183-2000-2000.jpg

http://s39.radikal.ru/i084/0907/23/a4beb9aeeee6.jpg

http://www.rustrana.ru/articles/12371/640x480.jpg

http://www.outdoors.ru/foto/album/8663.jpg

http://www.rossimvolika.ru/sub_RF/tyva/gerb/risunki/20090429193710-5653.gif

http://sayanring.ru/static/images/foto/20090303/IMG_0170.JPG

http://orakyl.ucoz.ru/_ph/1/682692454.jpg

http://offroad.old-berdsk.ru/ph/2.jpg

http://www.altaionline.ru/photo/21_010.jpg

http://tyva.rtrn.ru/data/welcom_tyva.jpg

http://img.beta.rian.ru/images/15430/53/154305349.jpg

http://images.drive2.ru/user.blog.photos/3840/000/000/03a/6f6/88cc08f9ed098bb0-original.jpg

http://www.ljplus.ru/img/l/u/lubech/Kyzyl-UVD-small.jpg

http://www.worldtg.ru/regions/russia/sibirskii-federalnyi-okrug/respublika-tyva/kyzyl/buddiiskii-hram-cechenling/image_s500

http://www.worldtg.ru/regions/russia/sibirskii-federalnyi-okrug/
    respublika-tyva/kyzyl/buddiiskii-hram-cechenling/image_s500
http://www.era-tv.ru/events/2004/krsk/pic/05270089_big.jpg
http://mail.mountain.ru/article/article_img/2879/f_2.jpg
http://bms.24open.ru/images/c21ac4ff0a843e99b0b5c07c1239
    895a
http://www.kges.ru/files/Image/photos/041.jpg
http://bog-danoff.users.photofile.ru/photo/bog-
    danoff/135165288/150752938.jpg
http://www.discovery.khakasia.ru/gal/3929.jpg
http://img1.liveinternet.ru/images/
    attach/b/2/24/199/24199358_3009.jpg
http://forum.anastasia.ru/files/_1117590519.jpg
http://club.itdrom.com/files/gallery/gal_photo/nature/5310.jpg
http://www.heku.ru/datas/users/1-0905141256133.jpg
http://www.echorostova.ru/news/356.html
http://www.chechnyafree.ru/upload/iblock/f21/daitiv_big.jpg
http://www.chechnyafree.ru/upload/iblock/8be/6057.JPG
http://www.stihi.ru/pics/2008/01/09/2958.jpg
http://img-fotki.yandex.ru/get/3/sve6392008.0/0_db7c_
    e9b05ebc_XL
http://vaertastour.ru/public/images/tours/101/IMG_75792.jpg
http://lh3.ggpht.com/_INV8eZ0MMVk/Snrza4BFOLI/
    AAAAAAAAN7s/u3nm8f1eB2E/s800/P7271006.JPG
http://www.komimodelforest.ru/gallery/berry/bg_2_9.jpg
http://www.stfond.ru/images/load/Image/1244726370_
    kunitsa(1).jpg
http://www.yugydva.komi.com/images/473_1.jpg
http://sakhalife.ru/images/15977_9273.jpg
http://migranov.ru/india/agra/30.php
http://img-fotki.yandex.ru/get/19/creoid.2/0_e841_a9364fd_
    XL
http://spb-foto.ru/foto/thumbs/lrg-874-afrikanskoe_plemya_
    masai.jpg
http://img1.liveinternet.ru/images/
    attach/b/2/24/864/24864379_129.jpg
http://www.pavlovo.org/imgdata/305.jpg
http://image.otdihinfo.ru:8125/WWW/images/4651.jpg
http://img-fotki.yandex.ru/get/3305/
    sem735.1/0_1c396_9c6b44a3_XL
http://rq.foto.radikal.ru/0709/71/68c9d0f1aca1.jpg
http://www.top812.ru/konkurs/images/photos/
    big/496/1243868840.JPG
http://www.mr7.ru/netcat_files/763/568/alexandrinsky_580.jpg
http://img-fotki.yandex.ru/get/22/dan-elv.44/0_c4ef_429eedf_
    XL

http://img-fotki.yandex.ru/get/3104/leshik33.2/0_1b850_
    c404d4b8_XL
http://media.meta.ua/files/pic/0/24/98/gwN7NGtnXL.jpg
http://knight-spb.ucoz.ru/_ph/44/2/785061094.jpg
http://igor-tambov.narod.ru/museum/gpw/gpw-1942/
    img/1942_04.jpg
http://img1.liveinternet.ru/images/attach
    /b/3/18/114/18114863_1203198445_520.jpg
http://peacekeeper.narod.ru/kazan67.jpg
http://www.newchemistry.ru/images/img/letters5/3959.jpg
http://amies.my1.ru/_ph/5/2/855978403.jpg
http://sabantuytatar.narod.ru/image/sabantuj3540b.jpg
http://www.agidel.ru/img/2007/june/20saban1.jpg
http://ps-spb2008.narod.ru/images/20889v_a.jpg
http://ingria.ucoz.ru/_ph/9/2/850401187.jpg
http://photos.lifeisphoto.ru/25/2/251768.jpg
http://img0.liveinternet.ru/images/attach
    /c/1/49/807/49807712_1255362792_855133.jpg
http://www.coolfold.com/photolandia/photos/6669/28909.jpg
http://agbike.spb.ru/photo/year2006/joensuu002.jpg
http://i.sakh.name/m/a/3/a39722b68a2a526b4f52b881a89a6
    8b4.jpg
http://krylia.ucoz.ru/_si/0/18869875.jpg
http://www.psyexpert.net/images/47540613_261963.jpg
http://www.photoworks.ru/Photos/6-2007/25/3081.jpg
http://greensystem.ucoz.ru/_ph/85/2/541037279.jpg
http://www.playcast.ru/uploads/2008/09/16/678732.jpg
http://img0.liveinternet.ru/images/attach/b/2/0/304/304217_
    tverskaya_vecher_scena1024.jpg
http://img.sunhome.ru/UsersGallery/Cards/49/29194353.jpg
http://www.snpltd.ru/Images/Products/priem_moskva_priem_
    gryppa_priem_vzr_priem_4__3.jpg
http://www.knigisosklada.ru/images/books/1916/big/1916460.
    jpg
http://uvc.mil.ru/dyn_images/expose/big1581.JPG
http://manaraga-club.ru/public/user_files/5063_big.jpg
http://telegraf.by/files.php?file=board_681706533.jpg
http://img-fotki.yandex.ru/get/11/ulof.0/0_5f74_f72d8621_XL
http://www.magput.ru/pics/large/18623.jpg
http://www.fishery.ru/resize.php?file=/add_files/dd69fc8d4323
    d0d55b48426af47f077a.jpg&width=387
http://tutoboi.by.ru/zima/kur28.jpg
http://img-fotki.yandex.ru/get/9/tana551.4/0_65a0_
    d5b0e5a0_L

СОДЕРЖАНИЕ

4. НАСЕЛЕНИЕ

5. ДВЕ СТОЛИЦЫ